JN013992

法政大学現代法研究所叢書 50

The Dynamics of International Orders
Historical, Theoretical and Legal Perspectives

森 聡〔編著〕
MORI Satoru

田中佐代子
湯澤 武
平見健太
佐俣紀仁
福田 円
高橋和宏
宮下雄一郎
溝口修平

国際秩序が揺らぐとき

歴史・理論・国際法からみる変容

千倉書房

法政大学現代法研究所叢書 50

国際秩序が揺らぐとき——歴史・理論・国際法からみる変容

目次

第2部 地域秩序の歴史的変容

序章

国際秩序を捉える3つの視角

現代の国際秩序はいかに変化しているのか。この課題に取り組むべく、法政大学ボアソナード記念現代法研究所では、「現代国際秩序における正統性の相克」と題した研究プロジェクトを組織して、国際秩序の変容に、国際法学、歴史研究、理論研究という視座から接近する試みを行った。国際秩序はすぐれて観念的なコンストラクト（構築物）であり、ディシプリンごとに国際秩序という概念に関する定義の厳密さから注目する事象まで、様々な面で理解が異なるため、学際的・統合的な分析が難しいのは否めない。しかし、そうした異なる分析アプローチを並立させることによって見えてくることもまたある。国際秩序は、諸国家が何らかの共通利益を見出し、相互の関係を律する公式・非公式な合意・了解や規範を定立したり、変更したりする営みを重ねる中で生成、成熟、衰微を複雑な形で繰り返してきた。本書は、国際秩序が国際的あるいは国内的な契機によって変化をみた、またはみている様々な事象を取り上げ、第1部では国際法学の視点から、第2部では歴史研究の視点から、第3部では理論研究の視点から、それら変化する事象の動態に光を照らした。そこで以下では、まず国際法学、歴史研究、理論研究それぞれのディシプリンにおいて国際秩序という問題がどのように理解され分析されてきたのかを概観し、各章の概要を紹介する。

1▸ 国際法学の視点――田中佐代子

◆国際法における実証主義的手法と国際秩序分析

国際法学の理論や分析手法は、今日、実に多種多様である。「国際法について考えるための様々な方法」の存在に目を向けさせようとするアンドレア・ビアンキ（Andrea Bianchi）の著書『国際法理論（*International Law Theories*）』は、例えば、立憲主義、法政策学派、国際関係論と国際法、批判法学、フェミニズム、第三世界アプローチ、法と経済学などを扱っている[1]。それらの方法論は、国際秩序に関わる問題にもそれぞれの仕方で挑むだろう。

しかし、数多のアプローチの中でも主流と言えるのは、法実証主義である。それへの批判として上記のような多様な方法論が提示されてきたことこそ[2]、むしろ実証主義が主流であることの証左である。『アメリカ国際法雑誌（*American Journal of International Law*）』における方法論についてのシンポジウムで実証主義の観点からの論考を求められたブルーノ・シンマ（Bruno Simma）とアンドレアス・パウルス（Andreas L. Paulus）は、自らが他のアプローチにコミットする部分もあるとしつつも、「我々の日々の法的作業を思い返した時、良きにつけ悪しきにつけ、『実証主義的』伝統によって作り出された道具をたしかに用いているということに気付いた」と述べた[3]。この言葉に共感する国際法専門家（international lawyers）は多いと思われる。

シンマとパウルスは、古典的な法実証主義の見方を以下の通り説明する。法は、国家の意思から生じる諸規則の体系である。それは客観的な事実であって、あるべき法とは区別されなければならず、法が効力を有するためには厳格な基準が課される。法外の考慮は法的分析には無関係である。ソフト・ローなどという法は存在しない。いかなる法的問題に対しても、唯一の答え（あるいは少なくとも決定的指針）が、法体系の内に見出される[4]。

そして、こうした見方をあてはめれば、国際法については次のように捉えられる。すなわち、国際法規範は全て、明示的な国家の合意としての条約または黙示的な合意としての慣習に由来する。国際法にとって意味のある行為は国家のそれのみであり、国家はひとつのまとまりとして捉えられる。条約は、当事国のみを拘束する。国家の習慣的な行為が法的拘束力を有する慣習となっているか否かは、事実の客観的判断の問題である[5]。

古典的な法実証主義に対する他のアプローチからの批判や、社会の現実の変化をふまえ、シンマとパウルスは一定の修正を加えたものを現代の実証主義として提示する。それによれば、慣習も法の一般原則も、単に国家の意思にのみ帰すことはできない。いわゆるソフト・ローは、規則の意味を明らかにしたり、法の変化を認識したりするための重要な手段となる。倫理的または政治的な考慮は、法の外にあるのではなく、むしろその一部である[6]。

しかし、修正を受けてもそれがなお実証主義と言えるのは、彼らが法的拘束力へのこだわりを捨てないからである。国際法が規範的な意味を持ち、意思決定の指針として現実に機能するために、その点が重視されている。「法は、国際社会が拘束力を認めた形式的法源と結びつくことによって初めて、理想と現実の間で、共通価値とイデオロギー的中立の間で、アポロジーとユートピアの間でバランスをとろうとする意思決定権者の役に立つことができる[7]」という。

では、多くの国際法専門家が（実証主義者を自認するか否かに関わらず、また、時に無自覚に）日々用いている実証主義的な方法や概念によれば、国際秩序の分析にどのように取り組むことができるだろうか。

国際秩序は、一般に、国際法学において厳密な定義の上で用いられる概念ではない。本章第3節で理論研究における共通理解の原点として参照されるヘドリー・ブル（Hedley Bull）の定義を借りれば、国際秩序とは、主権国家から成る社会（国際社会）の基本的目標の達成を可能にする国家間の行動パターンが存在する状態を意味する[8]。その国際社会が存在すると言えるのは、一定の共通利益・価値の意識を有する国家の集団が、相互の関係において共通のルールに従わなければならないと認識し、共通の諸制度を機能させるために協力する時だとされている[9]。ブル自身は国際法の意義を限定的に捉えているが[10]、それでも彼の定義において国際法は国際秩序の一部であり、その基盤をなす[11]。

したがって、国際秩序の内実を詳らかにするにはまず、現に有効な国際法の原則・規則の内容を愚直に明らかにしなければならない。どのような国際法規範が妥当しているのかは決して自明でない。関連する条約規定が存在するとしても、その精確な意味は解釈によって確定される必要がある。また、特定の問題について適用可能な条約規定がないことも少なくなく、慣習国際法が今日なお重要な役割を果たしているが、慣行を基礎とした不文の法という性質上、その成立を判断することは容易ではない。国際法学は、あるルールが実定国際法規範とみなされるための厳格な基準を打ち立て、その基準が満たされたか否かを判定する手法を洗練させてきた。国家の様々な行為を分析して一般慣行と法的信念を確認し、慣習国際法規範の存否を論じる。条約については、法的効果をもつための手続や条件、解釈のために依拠すべき方法は、それ自体が実定国際法において詳細に定められている。そうした規則に従って、国際法専門家は、条約の成立を確認し、起草過程等も参照しつつ解釈を行う。このように、国際秩序の基層にあたる国際法の内容を明らかにすることについて、実証主義国際法学の伝統的な技術は本領を発揮する。

ただし、ブルの指摘の通り、「国際法はそれ単独では国際秩序をもたらすのに十分ではない[12]」し、また、諸国が従うべきと認識する「共通のルール」には、実証主義者からすれば非法と位置づけられるものも含まれる。それに対して、現代の法実証主義は、古典的な見方とは異なり、ソフト・ローの意義を積極的に評価し、法の形成や変化に影響を及ぼす政治的要素にも考慮を払う。そうだとしても国際法学の検討対象の中心はあくまで法的拘束力を有する規範であり、その点は国際秩序分析に際しては限界となりうる。

しかしながら、シンマとパウルスが法的拘束力の意味を強調したように、国際社会のアクターの言動を導く規範性を十分にもつためには、そのルールが法としての形式を備え、権威を認められていることがきわめて重要である。国際法は、国家の行為の正当性を承認ないし否認するための明確な基準となり、それが一貫して公平に適用されることに大国でさえ抗えない。政治的な合意や事実上の了解に反した行為に対する批判にも一定の意味はあるが、国際法違反としての非難を受けた国家が被る不利益は各段に大きい。そうした機能を果たす国際法は[13]、実効的な国際秩序の、単なる一部ではなく、中核に位置する。それゆえに、実定国際法規範を解釈、適用し、法的な帰結を明らかにする国際法学の地味なようにも思える営みが、国際秩序の分析に不可欠の前提的作業を可能にすると言える。

◆国際秩序に対する国際法の役割

以上のような「国際法学の視点」は、ともすると、実定法規範の内容を静態的に記述し、それを絶対不変の基準として行為の合法性／違法性を認定するものにとどまるかのような印象を与えたかもしれない。しかし、今日において国際法が国際秩序の形成や維持、発展に対しどのような役割を果たしうるかという考察は、必然的に動態性を帯びる。

近代国際法の特徴の1つは、消極性にあったとされる。すなわち、「国際社会に固有の普遍的あるいは統一的価値を認めず、国際法はあくまで個別国家間の関係を安定化するにとどまり、……国家間の紛争発生を回避する消極的な機能を中心に構成される[14]」ものであった。この時代には、「主権独立の相互不可侵の原則に基づいて、諸国家の並存を確保しようとする[15]」ことが、国際法の国際秩序維持への主たる貢献であったと言える。

そうした秩序維持のあり方は、国際社会の変動をうけて、19世紀中葉以降、特に20世紀に入ると、根本的に変化していく。現代国際法は、国際社会の共通利益の実現に向けて、積極的な国際協力のための規範を設定することをも主要な役割として取り込むようになっている[16]。国際社会は、もはや、互いに独立した主権国家がただ共存する場ではなく、共通の目的をもった1つの共同体（international community）として捉えられる。さらに、20世紀後半には、「国際共同体全体の根本的な利益と価値を保護する特別な規範群[17]」としての国際公序（international public order）の存在がさかんに論じられるようになった。国際法は、諸国の平和的共存のための道具としての役割に加え、共有された一定の価値を体現する国際秩序を支え牽引する役割を担うようになっているのである。国際法がそのように機能することへの期待は、冷戦終結以降、一層膨らんでいった。

しかしながら、近年、国際社会の組織化ないし多国間協調の流れに水を差すかのような動きが散見される。この点、『マックス・プランク国際公法事典（Max Planck Encyclopedia of Public International Law）』の「国際公序」の項目の記述の変化が興味深い。その2013年版では、あるパラグラフは、「冷戦終結後、『国際法における二国間主義から共同体利益へ』という、より一般的な傾向が観察される。今日、国際公序の観念は、単なる国家間秩序から国際法共同体へ、というこの国際法の進化に密接に関連している[18]」と結ばれていた。それに続けて、2019年版には、「この進化は今挑戦を受けており、国際法秩序は基本的規範と価値の変化を経験しつつあると、現在、広く考えられている[19]」という文が追加されているのである。

その2019年版の記述はさらに、「しかしながら、この変化がどのような方向を指し示しているのかも、また、この国際公序の変容がどれほど根本的なものとなるのかも、いまだ明らかではない[20]」と続く。変化のただなかでその方向や帰結の全てを明らかにすることはできないが、本書第1部では、重要な3つの分野を取り上げ、近年の国際社会の変動の中で、国際法秩序がどのような挑戦を受け、それにどう対峙しているのかを検討する。

その作業にあたっては、国家が国際法規則に違反したり、国際制度に背を向けたりする状況が仮にあるとしても、それをもって直ちに国際秩序が棄損されたと結論づけることは単純に過ぎるということに留意すべきであろう。「一見すると既存の秩序に対して破壊的な効果を有するように思われる一方的な国家行為も、その根拠を提供する価値や関係者に及ぼす影響とその反応に応じて、普遍的ないしは地域的秩序の新たな構築を見据えるような様々な現象を生起させることになり得る[21]」からである。国際秩序を下支えする国際法が、いかに変容を被り、あるいは発展しつつあるのかを探ることが、第1部の課題である。

◆第1部「国際法秩序の変容と発展」の構成

第1部では、武力行使を規制する国際法規範の発展（第1章）、「経済の安全保障化」が国際通商秩序に与えている影響（第2章）、そして保健・衛生分野を規律する国際法の変容（第3章）を取り上げる。

第1章（田中佐代子執筆）は、国家による武力行使を規制する国際法規範（*jus ad bellum*）の発展を、非国家行為体に対する自衛の問題を素材に論じる。現代国際法秩序の礎石をなす武力不行使原則の重要性は、言を俟たない。にもかかわらず、その違反は度々生じてきたのであり、きわめて残念ながら、2022年にはロシアによるウクライナ侵攻が新たな違反事例として加わることとなった。ロシアは武力行使禁止の例外である自衛権に主に依拠して自らの正当性を強弁するが[22]、国連総会は、ロシアの行為を国連憲章2条4項に違反する侵略として非難する決議を採択した[23]。

もっとも、そのように違反国が例外事由に該当するとして正当化を図ったり、国際社会が大方一致して違法行為として非難したりするならば、違反事例がいかに多数存在しようとも、武力不行使原則そのものの規範性が揺らぐことはない[24]。深刻な懸念につながりうるのは、従来の共通了解によれば禁止の対象であった武力行使が、もはや武力不行使原則に抵触しない正当な行為として受け入れられるようになる場合である。

非国家行為体に対する自衛という問題をめぐっては、まさにそうした事態が生じているように一見思われる。従来の通説的理解に反して、テロ組織等の攻撃に領域国が実質的に関与していなくとも、被害国は自衛のための武力に訴えることができるという見方が、広く受け入れられつつあるのである。これはやはり、武力行使規制の緩みを危惧すべき事態なのだろうか。そこに何らかの秩序発展の萌芽を見出すことはできないかを、第1章では問う。

第2章（平見健太執筆）は、国際通商秩序の動揺と変容の兆しを論じる。第二次世界大戦後から今日まで続く国際通商秩序は、自由市場の理念を存立基盤としており、本書の検討対象たる「リベラル国際秩序」の要の1つと言ってよいだろう。しかし、「経済の安全保障化」という新たな潮流の中で、世界貿易機関（WTO）協定をはじめとする既存の規範による対処には限界が生じ、国際通商秩序が混迷のさなかにあることが指摘される。

そうした問題認識の下で近時進められつつある2つの新たな国際ルール形成の動きに平見は着目する。アメリカ・EU貿易技術評議会（TTC）とインド太平洋経済枠組み（IPEF）である。両枠組みの検討によって明らかにされるのは、その理念的基盤がもはや自由市場ではなく、国家による市場への介入を前提とした「自由だが安全な貿易」へと変貌を遂げていること、そして、その影響により、制度設計やルールの形態、具体的内容等も従来の通商条約とは異質なものになっているということである。これら2つの経済枠組みに平見は国際通商秩序の変容の方向性を見てとるが、その先見的な分析に加え、経済のブロック化につながりかねない危険や、履行確保制度の実効性に関する疑問など、現在進行中の構想の問題点に鋭く言及している点が重要である。

第3章(佐俣紀仁執筆)は、COVID-19の世界的流行を契機として大きな注目を集めている保健・衛生分野を取り上げ、それを規律する国際法の変容について論じる。佐俣はまず、「国際保健規則」が2005年に改正され(IHR2005)、世界保健機関(WHO)に感染症対応における大きな役割が与えられた背景を解き明かす。WHOの法的権限の範囲はその設立準備段階から論争の的となってきたが、冷戦終結後、国際的な感染症対策が分野複合的かつグローバルな問題へと変化したことに伴い、IHRにも変革が求められたという。WHOのリーダーシップを制度化したIHR2005の成立は、冷戦終結以後の国際社会の組織化の進展の一部として位置づけることができよう。

しかしながら、IHR2005の実際の運用に目を転じれば、WHOを中心とする緊急事態対応に様々な批判が向けられてきたことが明らかとなる。この点を佐俣は、WHOによる「国際的に懸念される公衆衛生上の緊急事態(PHEIC)」の認定のタイミング、そして、WHOと他の国際組織との協調、という2つの課題を通して考察する。もっとも、それは国際秩序を支えるはずの規範(ここではIHR2005)が現実にはうまく機能しなかったという悲観的な評価に終始するのではない。IHR2005が想定した枠組みは、WHOの中心的役割を基本的な前提としつつ、細部において発展を遂げつつあることが描き出されている。

以上のように、限られた分野を対象とした検討ではあるが、そこからは、国際社会の大きな変動にさらされながら、それを受け止めて発展しようとする国際法秩序の姿の一端が浮かび上がってくる。そのありようはテーマごとに多様であり、国際法が国際秩序に対して果たす役割を追究するためには、個別具体的な検証に不断に取り組むことが求められる。国際法の変化をただ傍観するのではなく、批判的に吟味し、変化の方向性を創造的に展望することが、研究になしうる国際秩序強化への貢献であり、本書第1部もその小さな試みである。

2▸ 歴史研究の視点――森聡

◆国際秩序の歴史分析

国際政治史ないし外交史に関する研究は、著者が明示的な問題提起をするしないにかかわらず、国際秩序にまつわるテーマを何らかの形で含んでいる可能性がある。本章の理論研究に関する第3節で参照されるヘドリー・ブルの国際秩序に関する定義は、「主権国家から成る社会の基本的目標（主権国家から成るシステムの維持、平和の維持、国家の独立と対外主権の維持、武力行使の制限、国際協定の遵守など）」について、「国家が利益意識を共有し、国家間関係が諸制度に支えられた実効的なルールによって管理されることで、基本的目標が達成されている状況」というものである[25]。国際秩序において重要となるのは、諸国家が共有する利益に加えて、共有する原則や規範であり、そこにはそれらを共有する国々が信奉する価値が投影されている[26]。一般に、諸国家が「共通利益」と「共通価値」を多く有しているほど、それだけ秩序は安定するとされる[27]。そしてこれらの「共通利益」と「共通価値」は、時の経過とともに変化するのであり、それは力の変動とは無関係ではありえない。このような理解に立てば、国際政治史ないし外交史のディシプリンに属する膨大な研究は、実に多種多様な課題に取り組んできたが、そこで取り上げられてきた諸国家の対外政策や外交、国内政治などの連続性と変化は、その分析対象時期の国・地域がかかわる広義の国際秩序に何らかの示唆を与えていると理解することができる。

さて、上記の定義に基づいた国際秩序の動態に接近するとすれば、国際関係の変動を、少なくとも力と利益の変化としてだけではなく、特定の諸国家間で共有される合意や事実上の了解を含む価値規範の変化、そしてそれらの要素の相互連関を捉えることが課題となる。歴史研究のアプローチは、こうした国際秩序研究の課題に取り組むのに適していると考えられる。国際法学の視点は、実定国際法という公式性の高い規範の形成や発展を捉え、それをめぐる当事国の解釈や国際司法機関等の判断を精緻に分析することに長けており、国際秩序のいわば「基盤」ないし「殻」そのものを明らかにするのに適している。国際関係理論は、普遍的法則性の「証明の論理」に立脚する理論研究に求められる簡潔性（parsimony）のアプローチゆえに、国際秩序の規定要因ないし変動要因を端的に絞り込むことが求められる。これに対して特殊事象の「発見の論理」に立脚する歴史研究は、総体的（holistic）なアプローチをとる[28]。法則定立的（nomothetic）な理論研究にも独自の強みがあろうが、個性記述的（idiographic）な歴史研究には国際秩序という、力と利益と価値が絡み合う複雑な、すぐれて観念的な事象の分析において強みを発揮できる可能性が大いにあると思われる。

国際秩序の研究において、歴史研究のアプローチは、次のような本来的な特性を強みとして活かす可能性を孕んでいる。第一に、総体的説明の手法は、国際秩序の連続性と変化の説明要因を幅広く分析するための柔軟性や弾力性を提供する。国際秩序が合意や事実上の了解として確認・生成される広義の規範によって下支えされているとの理解に立てば、そうした合意や了解が外交交渉や相互作用によって成立した過程を実証するのみならず、そもそもそうした合意や了解の内容や形式の由来を、多様な資料を駆使して実証することができる。例えば、ナポレオン戦争後のヨーロッパに成立していた勢力均衡秩序について、それがいかなる間主観的な要因で構成されていたかを思想や認識に光を照らして実証することができる。この分野における歴史研究は、近代ヨーロッパにおける多様性が一方で混乱と闘争をもたらしながらも、それは同時に大いなる自由と活力を与えており、帝国ないし世界国家が、ローマ帝国という歴史的経験から否定的に捉えられていたこと、国家は個人と比べて独立性が大きく、その存在まで脅かされることはないというある種の楽観があったこと、国家間の権力政治にはそれなりの法則があり、それは各国がそれぞれ自国の「利益」の促進を図りながら、国際体系に配慮して他国の「利害」との妥協を図る合理主義が存在したこと(「諸国家の諸利害説」と呼ばれた)、経済的及び人的な紐帯、さらには自制の精神や均衡の感覚といった文化的紐帯が18世紀のヨーロッパにはあったこと、そして三十年戦争などの経験から内政不干渉という原則が確立されたことによって、原則をめぐる「生か死か」の争いがなくなり、限定的な目標が追求されることになったことを明らかにしている。そしてこうした秩序を下支えした認識や価値観を、デーヴィッド・ヒューム(David Hume)、フランソワ・ピエール・ギヨーム・ギゾー(François Pierre Guillaume Guizot)、シャルル・ド・モンテスキュー(Charles-Louis de Montesquieu)、ジョン・スチュワート・ミル(John Stuart Mill)、イマニュエル・カント(Immanuel Kant)、ザムエル・フォン・プーフェンドルフ(Samuel von Pufendorf)をはじめとする歴史家や思想家、法学者らの議論や思想から説き起こす手法をとる研究などがある[29]。

第二に、歴史研究は、非均質的な秩序の展開過程を描くことができる。例えば、20世紀の冷戦を、その起源からデタント、そして終結に至るプロセスを描く冷戦史研究は豊富に存在するが、近年の研究には、冷戦をグローバルな規模で捉えようとするものがある。例えば、O.A.ウェスタッド(Odd Arne Westad)は、必ずしも明示的に国際秩序を中心概念とした分析を行っているわけではないが、イデオロギーという、まさに価値規範が米ソの冷戦において重大な意味を持っていたという見方に立って、冷戦史をワールド・ヒストリーとして語り、その展開を時系列で描いている。ウェスタッドは、グローバルな冷戦がはたして回避可能だったのかを問い、政治指導者たちが自制できたであろう局面は存在したとしつつも、イデオロギー対立が中心的な位置を占め、「東西双方の陣営で善意の人たちが、自らが体現する理念の存在そのものが脅威にさらされていると信じていた」ために、「本来なら回避可能なリスクを冒すことになった」と論じている[30]。そして、核戦争のリスクを冒してまで繰り広げられた世界規模の競争と対立の根底にあったイデオロギーが、そこまでの力を持ったのは、冷戦時代の世界が「多くの病弊」を抱えており、そうした「複雑な問題への即効性のある解決策を提示した」からだったと説いている[31]。しかし、こうした「資本主義と社会主義の間の冷戦は20世紀の大半のできごとに影響を与えた」としつつも、それが「すべてを決定したわけではなく」、すべての諸国家が2つの陣営に分割されずに、冷戦への完全な参加を拒んだ国々もいたとして、20世紀の国際政治の展開過程の複雑さと、冷戦期国際秩序の多元性を描き出している[32]。

第三に、国際政治事象の展開過程の詳述は、歴史研究の基本的かつ本質的な手法であり、これは特定の国際秩序がいかにして生成されたかを明らかにすることを可能とする。のみならず、重要な争点に関する諸国家の外交プロセスがその後立ち現れた秩序にいかなる影響を与えたのか、その秩序の正統性の高さあるいは低さにどう作用したのかを明らかにすることも可能である。例えば、メアリー・サロッテ（Mary E. Sarotte）による冷戦後の北大西洋条約機構（NATO）のいわゆる東方拡大に関する歴史研究がある。サロッテによれば、当初は東欧諸国・旧ソ連圏諸国によるNATOへの完全な加盟に至らない、平和のためのパートナーシップ（PfP）というヨーロッパの各種事情を巧みに汲んで対応できる枠組みがあったが、それがやがて変質していった過程を描いている。ロシア大統領ボリス・エリツィン（Boris Yeltsin）がモスクワやチェチェン共和国で暴力的な手法を使って政敵を倒し、改革反対派のナショナリストがロシアで勢力を増したことを受け、アメリカでは、ロシアが敵対的な姿勢を強める可能性に備えるべきとの声が高まった。また、ポーランドやチェコの政治指導者らがビル・クリントン（William Clinton）大統領と個人的な信頼関係を築き、さらには拡大推進派の米共和党が1994年中間選挙で勝利したことを踏まえ、クリントンが完全なメンバーシップ付与に向けて舵を切ることになった。その後クリントンとエリツィンの関係は悪化し、アメリカ政府内ではNATO拡大に対する懸念はあったが、やがて1999年春にバルト三国をNATO加盟国として迎え入れる意向を表明し、ヨーロッパがNATO第5条適用国とそれ以外の国に分かれ、米露関係が不振に満ちたものへと変容することになった。NATOは、段階を踏みながら東方へと拡大したが、そこには実に多様な要因が作用しており、複雑な経路を辿ったことが明らかにされている。アメリカにヨーロッパを分断する意図はなく、ロシアは民主化を進め、西側諸国との対等なパートナーシップを望んでいたが、ロシア政治の展開やエリツィンの政策選択、その他諸要因が様々な分岐点を生み出し、包摂的な秩序よりも分断的な秩序が形成されていくこととなった[33]。

以上は、歴史研究のアプローチの特徴を例証するために、無数にある研究の中から、ほんのわずかな一部を取り上げたにすぎず、もっと適切な研究の例もたくさんあるかもしれない。重要なのは、国際秩序が特定の国々の間で共有される利益や価値規範に立脚したものだとすれば、その変動を分析する際には、多様な利害関係や価値規範に対する関係国の立場や姿勢が、数多くの要因によって非線形的に変化するため、秩序内の諸国家の文化といった観念的な要因や、その非均質な変化、さらには時系列的な偶発性を織り込んだ説明などが必要となるのであり、歴史研究のアプローチは、こうした多様な要素と複雑な過程を抽出するための豊かな接近法を提供しうるということであろう。

◆第2部「地域秩序の歴史的変容」の構成

第2部では、1960年代の「インド太平洋」概念をめぐる日豪印関係（第4章）、1970年代の東アジアにおける「正統中国」をめぐる中国と台湾の攻防（第5章）、そして現代におけるフランスのインド太平洋戦略の展開（第6章）を検討する。

第4章（高橋和宏執筆）は、1960年代に展開された日本・オーストラリア・インドの3カ国間の提携構想をめぐる外交交渉を検証している。1960年代後半以降、日本とオーストラリアが主導して「アジア太平洋」という地域概念が形成されていくが、同じ時期にオーストラリア外務省やインド政界の保守派が提唱したのが日豪印提携構想であった。日豪印提携構想は、アジアへの中国の影響力拡大を日豪印3か国の提携によって抑えようとする発想に基づいており、現代の「自由で開かれたインド太平洋」構想にも通じる地域秩序構想だった。

1962年の中印国境紛争後に豪印両国間で浮上した日豪印提携構想は、第

2回アジア・アフリカ会議を前にした日本とインドとの協力の進展を契機に進展をみせ、1960年代後半には「日豪」「日印」「豪印」という3つの並列する2国間定期協議という協力枠組みを形成した。だが、東南アジア開発をめぐる日印両国の思惑の衝突のすえに、実質的な外交成果を残すことなく姿を消していく。地域パートナーを得られなかったインドはソ連との協力に傾斜し、これ以降、「アジア太平洋」地域協力から取り残されていくことになる。日豪印提携構想をめぐる顛末は、地域秩序を域内国が主体的に提唱し、具体化していくことの重要性と難しさを示しており、現代の「インド太平洋」概念の消長を考えるうえでも示唆的である。

第5章（福田円執筆）は、1970年代半ばにアジア太平洋地域の国際秩序が変容するなかで、中国が近隣諸国に対して台湾を包囲する統一戦線工作を再開し、台湾の国民党がそれに対抗して「中国」としての正統性を争った攻防を論じる。

1970年代のアジア太平洋地域の国際秩序は、旧宗主国の撤退、米中和解、ベトナム和平などによって、冷戦的なものからより多極的かつ多元的なものへと変容しつつあった。そのなかで、中国（中華人民共和国）と台湾（中華民国）は、当時中国と国交を正常化した日本や、フィリピン、タイ、マレーシアなどの東南アジア諸国への影響力をめぐって激しく競い合った。この攻防の争点は、中国から見れば、近隣諸国においてどれだけ台湾を統治する国民党を孤立させ、「統一」へと追い込むことができるかであった。これに対し、国民党は諸国との既存の関係を維持・発展させながら、共産党の統一戦線工作に対抗しようとした。日本や東南アジア諸国での攻防は互いに連関しながら、次第に新たな均衡点へと向かった。それは、諸国は中華人民共和国に「中国」としての正統性を認めるが、同時に台湾との実質的関係を維持するという均衡点であった。

地域の諸国にとって、中国との関係構築の戦略的な価値は上がった。しかし他方で、台湾は1960年代から経済発展の軌道に乗り、諸国の重要なパートナーになりつつあった。そのため、中台間の攻防は経済、社会、文化など多元的な領域に及んだ。そして、攻防の帰結は、地域諸国と台湾の実質的関係を中国が牽制し続けるという、新たな緊張関係を地域にもたらした。

第6章（宮下雄一郎執筆）は、ヨーロッパの国家であるフランスがなぜ自国を「インド太平洋パワー」と位置付けているのか、そのプレゼンスの根拠を明らかにし、さらにインド太平洋に関与することで浮かび上がってくる政治的な課題について議論する。

フランスはインド太平洋において植民地を保有していたことに起因する問題を多く抱え、それらを乗り越えることで、領土として維持するのみならず、同地域において主要なパワーとして活動することを目指している。フランス政府はインド太平洋で自らの主導による秩序を構築する意欲を持ちつつも、その限界も熟知している。そこで主要なアクターとしての地位を確保するために、主要なパートナー国家を求めているのであり、そのためのフランスの政治と外交を活発に展開している。その対象となったのが、オーストラリア、インド、そして日本であり、とりわけオーストラリアとは兵器の輸出による持続的な関係を構築することを目指した。フランスの潜水艦がその「絆」の役割を果たす予定であったが、オーストラリアがそれを破棄し、英米との枠組みであるAUKUSを選択することで、フランスの目標は頓挫する。

フランスはインドとはすでに兵器の輸出による緊密な関係の構築に努める一方で、太平洋において秩序構築に主体的な役割を果たすためには日本との関係が今後の鍵となる。そのための課題について最後に展望した。

3▸ 理論研究の視点——湯澤武

近年、米中間の軍事的・経済的対立の激化に伴い、国際秩序の展望に関する議論が各所で盛り上がっているが、それは国際関係論（IR）の理論研究分野においても例外ではない。他方で国際秩序に関する研究には様々な理論が存在し、それぞれが秩序形成・変容のプロセスについて独自の仮説を提示していることから、ある意味、同研究は「無秩序」な状態にあるともいえる。本節では、紙幅の関係上、大まかではあるが、国際秩序の定義について論じたうえで、国際秩序の形成・変容過程の分析枠組みとして競合するいくつかの理論アプローチを「トップダウン型」と「ボトムアップ型」に分けて概観する。

◆国際秩序の定義

国際秩序に関する理論研究の主な特徴は、国際秩序の定義を明確にしたうえで、秩序が形成・維持される仕組みをマクロ的視点から説明することにある。理論ごとに独自の分析枠組みがあるように、国際秩序の定義も様々であるが、少なくとも近年の主要研究が提示する定義には、そのベースラインとも呼べる共通理解がある。その理解とは、秩序とはアクター間の相互関係にある種の「規則性(パターン)」が存在していることを意味することと、そのパターンはアクターが共有する公式あるいは非公式の規範によって形成・維持されているということである[34]。この共通理解の原点は、国際秩序論の古典ともいえるヘドリー・ブルの研究に求めることができるであろう。ブルによれば、国際秩序とは「主権国家から成る社会の基本的目標(主権国家から成るシステムの維持、平和の維持、国家の独立と対外主権の維持、武力行使の制限、国際協定の遵守など)の達成を可能にする国家間の行動パターン」が存在する状態である。その行動パターンが生起するには、まず国家がその基本的目標について共通の利益意識を有していることが大前提となるが、同じく重要なのが基本的目標を達成するためにとるべき国家行動の指針となるルールとそのルールに実効力を与える諸制度である。ブルはこのルールを「基本的・構造的諸原則(主権国家から成る国際社会という観念)」「国家共存のためのルール(主権の尊重や武力行使を管理する規則など)」「国家間協力を規律するルール(政治、経済、安全保障などの分野における国家間協力を促進する規則など)」の3つに分類し、これらのルールは「勢力均衡」「国際法」「外交」「戦争」「大国の協調」といった国際社会の諸制度によって実効的なものとなっていると主張する[35]。つまり、国際秩序が存在する状態とは、基本的目標について国家が利益意識を共有し、国家間関係が諸制度に支えられた実効的なルールによって管理されることで、基本的目標が達成されている状況を指す。

その後ブルの研究は、国際秩序を規範や制度に規律された国家間関係から成る「国際社会」が存在している状態と捉え、国家がどのようなルールを共有し、それらのルールがいかに国家の社会活動を管理しているのかを主に歴史的視点から考察する「英国学派」(国際社会論) の発展につながった[36]。またブルの研究は、社会構造としての間主観的な規範の形成過程やそれがアクターの行動に与える影響を考察するコンストラクティビズムの発展にも影響を与えている。ブルの研究は、国際秩序のメカニズムの解明に資する分析枠組みを提供したことから、多くの研究者から国際秩序研究の先駆と見なされているが、一方でその方法論や概念の曖昧性から、国際秩序の基盤となる国家間関係を規定するルールがどのように生み出され、それらはどのような条件で変容するのかといった重要な問いを解明するには、あまり有益ではないといった批判も投げかけられている[37]。

◆国際秩序の形成・変容のプロセス

上記の問いを明らかにするには、いかなる理論が有効なのであろうか。ここではその問いに関連する2つのアプローチを紹介する。第一のアプローチは、国際秩序形成における覇権国の主導的役割に焦点をあてるものである。元来、覇権国主導の秩序形成に関する理論は、主にリアリズム系理論を基礎に発展してきた。代表的な理論として「パワー・トランジション(権力移行)論」や「覇権安定論」などを上げることができる[38]。それらの理論が提示する秩序形成・変容のロジックには、異なる点が多々あるものの、そのロジックを大まかにまとめると以下のようになる。①覇権国は自らの国益に資するルールや制度を作り、それらを軍事的・経済的パワーの行使による威圧や物質的インセンティブの提供などを通して追随国に受容させることで、自らを頂点とする「階層的」な秩序を形成する。②秩序の維持に不可欠な覇権国のパワーが台頭する新興国に対して相対的に減退すると(権力移行)、秩序の求心力も比例的に低下し、それはやがて覇権国と新興国との間にルールの在り方や相互の勢力範囲をめぐる闘争を巻き起こし、最悪の場合両者の間で「覇権戦争」が起こる。そして戦争の勝者によって、あらたなルールと制度(秩序）が編成される。

近年このリアリズム系の覇権秩序論の観点から、米中間の軍事的・経済的対立を両国間の権力移行によって生じた覇権移行プロセスの一環として捉える論考が目立つようになったが、これらの論考は得てして米中間に軍事紛争が起こる可能性を指摘する傾向がある[39]。

一方でリアリズム系の覇権秩序論に対しては、そのロジックが簡潔すぎることもあり、現代国際秩序の形成過程を説明するには不十分であるという批判もある。その批判を代表する研究の1つが、リベラリズムの観点から覇権秩序論を再構築したG.ジョン・アイケンベリー（G.John Ikenberry）の「リベラル覇権秩序（LHO）」論である[40]。アイケンベリーは、国際秩序の類型として、1）勢力均衡に基づく秩序（Balance）、2）覇権国の指導に基づく階層的秩序（Command）、3）国家間で合意されたルールに基づく秩序（Consent）の三種をあげ、第二次世界大戦終結後から発展してきた国際秩序とは、主に2）と3）の性質を含むものであり、それは米国が標榜する自由主義的な価値観を反映するルールと制度に基づく階層的秩序、いわゆるLHOであると論じている。アイケンベリーは、LHOの形成過程の特徴として主に以下の点をあげている。①米国は覇権国として、国連や国際通貨基金（IMF）、関税および貿易に関する一般協定（GATT）など数々の国際制度の構築を主導し、それらの制度を通して国家間関係を規律するルールを追随国との合意のもとに整備しただけでなく、自らそのルールを順守し、パワーの行使を自主規制することで、追随国から秩序に対する支持を得てきた。②米国は、西ヨーロッパや東アジアにおいて、国際公共財として安全保障面では集団的安全保障システム（北大西洋条約機構）や二国間同盟網を整備、また経済面では自由貿易体制を推進することで、追随国から秩序の維持に不可欠な協力を引き出してきた。アイケンベリーによれば、米国主導のLHOは、冷戦期においては、西側諸国間にのみ存在するものであったが、それは冷戦終結を期に市場経済や民主主義が世界的に広がっていったことに伴い、他の地域も包容するようになり、「開放的でルールに基づいた秩序」いわゆる「リベラル国際秩序（LIO）」の発展につながったとされる[41]。

LHO論がリアリズム系覇権秩序論と大きく異なる点は、秩序のルールが覇権国による押し付けではなく、追随国との合意によって維持されていること、またそれによって秩序の包容力と耐久力が高まること、つまり権力移行が起きても、台頭する新興国が既存秩序の過激な変更を追求する可能性が低下するということである。アイケンベリーは、秩序に権威主義国家を取り込んだことによる政治的基盤の弱体化や西側諸国間の「安全保障共同体」というアイデンティティの喪失、また経済格差の拡大によるポピュリズムの台頭などによって、現在LIOが存続の危機に瀕していると論じている[42]。しかし同時にアイケンベリーは、LIOに埋め込まれた経済的利益を秩序全体に分散し、尚且つ政治体制を問わずあらゆる国家が意思決定に参加できる開放的なルールと国際制度の存在、そして相互依存関係がグローバルレベルで深化し、国家が嫌でも協力して問題解決に従事しなければならない状況において、LIOに取って代われるような秩序構想は存在しないとし、その耐久性を強調している[43]。

第二のアプローチは、国際秩序のルール形成過程における中小国や非国家主体を含む多様なアクターの役割に焦点を当てるものである。このアプローチは主にコンストラクティビズム系理論を基礎に発展してきた。その主な特徴は、国際ルールの形成過程における多様なアクター間（国家だけでなく、国際・地域制度、市民社会組織など）の社会的相互作用に着目し、規範の正当性を背景とした説得や社会的圧力による「社会化」や規範の定義をめぐる論争などを通して、特定の規範が時にはその意味を変容させながら国際的に伝播する現象を明らかにすることにある。覇権秩序論における規範の伝播とは、覇権国から追随国への「トップダウン」的なものであり、ゆえに国際ルールの形態は常に覇権国が標榜する規範や価値観を強く反映するものになるが、コンストラクティビズムのアプローチは、規範を投射するアクターだけでなく、規範の受容者の価値観も社会的相互作用を通して、国際ルールの形態に影響を及ぼす可能性を示すなど、「ボトムアップ」的な規範の伝播プロセスも重視している。

このアプローチの代表例として、アミタフ・アチャリア（Amitav Acharya）の多重的世界論（A "multiplex" world）を取り上げる。それは、アイケンベリーのLIO論に対する批判的論考から生まれたものである。アチャリアは、LIO論を「神話」に過ぎないとし、その理由として主に以下の点をあげている。①冷戦期は言うに及ばず、ポスト冷戦期においても、LIOの原則を支持する国家の数は限定的であり、それは「世界秩序」とよべるようなものではない。②アイケンベリーが主張する「LIOの危機」は、今に始まったことではない。米国が構築したとされる国際制度やルールは、米国の友好国には有益であったが、非西側諸国の多くに不平等や不公正をもたらしてきた。それらの諸国は常にLIOの正当性を疑問視し、それに抵抗してきた。③アジア、アフリカ、ラテンアメリカなどの地域では、各地域諸国がLIOの主要原則とされる民主主義、資本主義、多国間主義を独自に解釈し、地域独特の規範や制度を発展させ、平和と経済発展を追求している。

つまりアチャリアは、LIO論が主張するような、米国の価値観を基準とする「普遍的」な国際規範に基づいた「世界秩序」の存在を否定しており、現代の国際秩序の形態やその展望を理解するには、ルール形成過程におけるアクターとその役割を多元的な視点から分析する必要があると論じている[44]。アチャリアは、その分析枠組みとして、国内レベルあるいは地域レベルの諸アクターが、国際規範を地場の文化や規範に沿う形で再定義（ローカル化）したうえで受容するメカニズムや、ローカル化した規範を逆に国際社会へ投射することで、国際ルール形成に影響を与えるメカニズムを提示している。またその事例として、アジア、アフリカ、ラテンアメリカなどの地域において、国家主権、国家安全保障、人道的介入、地域主義といった欧米由来の概念が、地域の諸アクターによって「ローカル化」されるプロセスや、それらが逆に国際社会へ投射されることで、保護する責任（R2P）、人間の安全保障、人間開発といったあらたな国際規範が誕生するプロセス、また各地域において欧州とは異なる独特な地域主義が発展していくプロセスを考察している[45]。

アチャリアは、世界経済における西側諸国から非西側諸国へのパワーシフトがますます顕著になるなかで、国際秩序形成に影響を及ぼすアクターの多元化にますます拍車がかかるとし、それゆえ今後国際秩序の形態はますます「多重的」な性質を帯びるようになると論じている。換言すれば、米国の覇権的パワーが相対的に衰退し、中国に代表される新興国が台頭する中で、国際社会のガバナンスはより権力分散型のガバナンスへと変化する、つまりアジア、アフリカ、ラテンアメリカなどで地域主義がますます強まっていくということである。他方でアチャリアによれば、これは世界が地域ごとにブロック化していく、換言すれば大国間の力の分布に基づいた多極構造の出現を意味するものではない。なぜならば、地球規模問題の複雑化や経済的相互依存関係の深化によって、国家は問題解決に向けて嫌でも地域を超えて協力する必要性に迫られているからである。アチャリアは、現在形成されつつある「多重的世界」においては、国家、国際機関、地域制度、市民社会組織、民間企業などの多様なアクターが様々な形で連携するケースがみられことから（たとえば温暖化問題への官民連携の国際的な取り組みなど）、今後国際秩序の多重化がますます進んでいくと論じている[46]。

本節は、国際秩序の定義を論じたうえで、秩序形成・変容に関する理論アプローチを主に「トップダウン型」と「ボトムアップ型」に分けて概観した。これらの理論は、それぞれ基礎とする理論だけでなく、分析の領域も異なっていることから、秩序形成や変容プロセスに関して競合する仮説を提示している。IR理論の目的とは、複雑な現実世界を説明あるいは理解できるように、それを単純化（抽象化、概念化）することであるが、その原則どおりに、上記の理論も比較的簡潔なロジックを提示している。社会科学に完全理論など存在しないように、どの理論にも一長一短があるが、上記理論を含むIR理論の多くは、研究者による長年の観察や知識の蓄積に基づき構築されていることから、理論の分析領域と分析対象となる事象がうまく組み合えば、理論による考察から、国際秩序の形成要因や展望について有益な示唆を得ることができるだろう。国際秩序の形成要因や展望を、理論に依拠しないで考えた場合、大国間の軍事競争あるいはグローバルな経済的相互依存関係の深化など特定の局面だけを観察し、直感的に議論することになりかねず、その結果として確かな根拠のない思い込みによる判断が生まれる可能性がある。特に実務家の世界において、そのような場当たり的な判断は有害でしかない。国際秩序の形成過程やその展望といった複雑な事象を総体的に理解するためには、単独の理論に依拠することを避け、複数の理論を用いて、多面的に考察することが有効であろう。

◆第3部「国際秩序の構造的変容」の構成

第3部では、1990年代から現在に至る大国間の競争関係がアジアの多国間主義に及ぼしてきた影響（第7章）、欧州人権レジームにおけるロシアの外交（第8章）、アメリカ主導のリベラル覇権秩序の変容（第9章）を検討する。

第7章（湯澤武執筆）は、制度バランシング論を手掛かりに、過去30年の間、米国、日本、中国がそれぞれの戦略的利益を追求するうえで、ASEANを軸とするアジアの広域制度（ASEAN中心制度）をいかに活用してきたか、またそのなかで大国間の政治・経済・軍事的影響力をめぐる競争が、ASEANの制度構築の動機やASEAN中心制度の機能をいかにシェイプしてきたかを考察することで、大国間競争時代におけるアジアの多国間主義の展望とその地域秩序への影響を明らかにする。大国間競争は、アジア地域にASEAN中心制度が拡散する過程で、その触媒として機能してきたと同時に、それらの制度の質的発展を妨げる要因にもなってきた。いわば大国間競争の産物として発展してきたASEAN中心制度が、近年の大国間競争が激化するなかで、秩序の平和的変革に資するルール形成の場ではなく、大国のバランシングゲームの場と成りつつあることは必然的な結果であると指摘する。

第8章（溝口修平執筆）は、欧州人権レジームへのロシアの加入から離脱に至るまでの過程を検討する。ロシアは、1990年代に欧州評議会と欧州人権裁判所から構成される欧州人権レジームに加入し、人権や法の支配などの規範を受け入れる姿勢を見せた。しかし、2000年代に旧ソ連諸国でカラー革命が起きて以降、ロシアは自由主義的な思想を非難するようになり、2010年頃からはロシア憲法裁判所が欧州人権裁判所と対立しつつ、自国の主権を擁護する役割を担うようになった。2022年2月にウクライナへの軍事侵攻に伴い、ロシアがこのレジームから排除されたのは、このようなプロセスが漸次的に進んだ帰結として理解することができる。ロシアと欧州人権レジームとの対立がどのような過程を経て進行したのかを明らかにする。

第9章（森聡執筆）は、アメリカが主導してきたとされるリベラル覇権秩序がいかなる変化をみているかを理論的な見地から検討する。リベラル覇権秩序をめぐっては、概念そのものについて論争があるが、その変化を捉えるべく、まず覇権国アメリカを軸に据えて、国内統治規範（資格条件）と対外行動規範（行為基準）という価値規範に応じた規範構造を有した国際秩序として定義する。この国際秩序は、階層性と二面性（リベラルな側面と非リベラルな側面）を有する秩序として理解できるが、2008年のグローバル金融・経済危機、中国の台頭、中国やロシアによる現状変更行動の活発化、そしてアメリカにおける一国主義の増勢が、アメリカおよび西側諸国のステータスと権威を低下させ、リベラル覇権秩序の階層性を掘り崩す一方で、西側諸国間のリベラルな秩序を強化させているため、西側諸国が他の諸外国に関与する際に、リベラリズムの二面性の問題が先鋭化していると指摘する。

註

1 ――Andrea Bianchi, *International Law Theories: An Inquiry into Different Ways of Thinking* (Oxford: Oxford University Press, 2016). 他にも、多様な方法論を紹介・分析するものとしてAnne Orford, Florian Hoffmann with Martin Clark eds., *The Oxford Handbook of the Theory of International Law* (Oxford: Oxford University Press, 2016); Rossana Deplano and Nicholas Tsagourias eds., *Research Methods in International Law: A Handbook* (Cheltenham; Northampton: Edward Elgar, 2021); Jeffrey L. Dunoff and Mark A. Pollack eds., *International Legal Theory: Foundations and Frontiers* (Cambridge: Cambridge University Press, 2022).

2 ――明石欽司「国際法学における実証主義の史的系譜――18世紀における『実証主義的』著作の検討を中心として」『世界法年報』第22号（2002年）3頁。

3 ――Bruno Simma and Andreas L. Paulus, "The Responsibility of Individuals for Human Rights Abuses in Internal Conflicts: A Positivist View," *American Journal of International Law*, vol. 93, no. 2 (April 1999), p. 302.

4 ――Ibid., p. 304.

5 ――Ibid., p. 305.

6 ――Ibid., pp. 307-308.

7 ――Ibid., p. 308.

8——Hedley Bull, *The Anarchical Society: A Study of Order in World Politics* (Basingstoke: Macmillan, 1977), p. 8.

9——Ibid., p. 13.

10——Ibid., pp. 142-161.

11——Alexander Orakhelashvili, "International Law, International Politics and Ideology," Alexander Orakhelashvili ed., *Research Handbook in the Theory and History of International Law* (Cheltenham; Northampton: Edward Elgar, 2011), p. 368

12——Bull, *The Anarchical Society: A Study of Order in World Politics*, p. 143.

13——政治・政策や倫理・道徳との比較における国際法の機能について、大沼保昭「国際社会における法と政治——国際法学の『実定法主義』と国際政治学の『現実主義』の呪縛を超えて」国際法学会編『日本と国際法の100年　①国際社会の法と政治』(三省堂、2001年) 19-24頁参照。

14——奥脇直也「国際法の基本原理」小寺彰、岩沢雄司、森田章夫編『講義国際法〔第2版〕』(有斐閣、2010年) 9-10頁。

15——山本草二『国際法 (新版)』(有斐閣、1994年) 31頁。

16——奥脇直也「国際法の実現過程——変容する国家管轄権の機能」村瀬信也、奥脇直也、古川照美、田中忠『現代国際法の指標』(有斐閣、1994年) 65頁 ; 山本『国際法 (新版)』32頁。

17——Frank Hoffmeister and Thomas Kleinlein, "International Public Order," (last updated June 2019) in Anne Peters and Rüdiger Wolfrum eds., *The Max Planck Encyclopedia of Public International Law* (Oxford University Press, 2008-) <www.mpepil.com> accessed 30 November 2022, para. 2. もっとも、国際法秩序における共通の目的の重要性は17-18世紀の古典的学説においても説かれていたが、それは自然法論に基礎づけられており、そうした考え方は法実証主義の興隆した19世紀には退けられた。Ibid., paras. 2-3.

18——Frank Hoffmeister and Thomas Kleinlein, "International Public Order," (updated November 2013) in Anne Peters and Rüdiger Wolfrum eds., *The Max Planck Encyclopedia of Public International Law* (Oxford University Press, 2008-) <www.mpepil.com> accessed 4 March 2019, para. 6.

19——Hoffmeister and Kleinlein, "International Public Order," (2019), para. 6.

20——Ibid.

21——酒井啓亘、森肇志、西村弓「『自国第一主義』と国際秩序　特集にあたって」『論究ジュリスト』第30号 (2019年8月) 5頁。同誌において、「主権国家が自国国益を優先し、場合によっては既存の法規則に反するようなかたちで行動する」自国第一主義と国際秩序との関係を考察する特集が組まれたことは、国際 (法) 秩序への近時の挑戦に関する問題意識が日本の国際法学界にも浸透していることの1つの表れと言える。

22——*Letter dated 24 February 2022 from the Permanent Representative of the Russian Federation to the United Nations addressed to the Secretary-General*, UN Doc. S/2022/154.

23——*Resolution adopted by the General Assembly on 2 March 2022,* UN Doc. A/RES/ES-11/1.

24——See *Military and Paramilitary Activities in and against Nicaragua (Nicaragua v. United States of America), Merits, Judgment, I.C.J. Reports 1986*, p. 98, para. 86.

25——本書、16頁。

26——篠田英朗『国際社会の秩序』(東京大学出版会、2007年) iv頁；細谷雄一『国際秩序——18世紀ヨーロッパから21世紀アジアへ』(中公新書、2012年) 24‐25頁。

27——細谷『国際秩序』24頁。

28——コリン・エルマン、ミリアム・フェンディアス・エルマン編『国際関係研究へのアプローチ——歴史学と政治学の対話』(東京大学出版会、2003年) 36‐57頁。総体的な説明は、理論研究の見地からは一般的に過剰決定 (overdetermination) とされ忌避されるが、そもそも被説明変数たる国際秩序という概念それ自体が、複数ないし多数の主体の間に間主観的に存在する多様・多面なものであるので、歴史研究のアプローチに依って立つ説明が、全て一概に「過剰」決定という批判もあたらないだろう。

29——これは髙坂正堯が『古典外交の成熟と崩壊』第一章でとった手法である。髙坂本人はこの研究を歴史研究ではないとしていたが、ヨーロッパにおける勢力均衡秩序の生成・成熟・変質・崩壊の仕組みと動態を活写し、近代ヨーロッパにおいて勢力均衡が肯定的に評価されていた認識空間を立体的に描いている。髙坂正堯『古典外交の成熟と崩壊』(中央公論社、1978年) 5-40頁。いわゆるウィーン体制に関する研究は枚挙に暇がないが、その評価はさておき、18世紀半ばから19世紀前半にかけてヨーロッパにおいて勢力均衡秩序が合従連衡的なものから協調的なものへと変質したとするポール・シュローダー (Paul W. Schroeder) の『ヨーロッパ政治の変革』(1994) があるほか、政府の外交責任者として要職を歴任したハーヴァード大学の政治学者ヘンリー・キッシンジャー (Henry A. Kissinger) による『回復された世界平和』や、英ケンブリッジ大学セントジョンズカレッジの歴史学者ハリー・ヒンズレー (Francis Harry Hinsley) の著した『権力と平和の追求』などがある。Paul W. Schroeder, The Transformation of European Politics 1763-1848 (Oxford: Clarendon Press, 1994)；ヘンリー・キッシンジャー著、伊藤幸雄訳『回復された世界平和』(原書房、2009年)；F. H. Hinsley, *Power and the Pursuit of Peace: Theory and Practice in the History of Relations between States* (Cambridge: Cambridge University Press, 1963).

30——O.A.ウェスタッド『冷戦——ワールド・ヒストリー』(下) (岩波書店、2020年) 437頁。

31——同上、439頁。

32——同上、437頁。

33——M. E. Sarotte, *Not One Inch: America, Russia, and the Making of Post-Cold War Stalemate* (New Haven: Yale University Press, 2021).

34——例えば以下の文献を参照のこと。David A. Lake, *Hierarchy in International Relations* (Ithaca: Cornell University Press, 2009). G.John Ikenberry, *Liberal Leviathan: The Origins, Crisis, and Transformation of the American World Order* (Princeton, Princeton University Press, 2010). Amitav Acharya, *Constructing Global Order: Agency and Change in World Politics* (Cambridge: Cambridge University Press, 2018). Alexander Cooley and Daniel Nexon, *Exit from Hegemony: The Unraveling of the American Global Order*. (Oxford: Oxford University Press. 2020). Kyle M. Lascurettes, *Orders of Exclusion: Great Powers and the Strategies Sources of Foundational Rules in International Relations* (New York: Oxford University Press, 2020).

35——ここでいう諸制度とは、国連などの国際機関ではなく、国家間関係に埋め込まれた慣行を意味する。

Hedley Bull, *The Anarchical Society: A Study of Order in World Politics* (London: Macmillan, 1985), pp. 62–73.

36——英国学派のなかには、主に国際社会を国家から成る社会ととらえ、その秩序構造を考察する「多元主義」および国際社会を主権国家システムを超えた人類の連帯から成る社会と捉え、正義なき社会は存続できないという観点から、国際社会における正義と秩序の調和を考える「連帯主義」という学派が存在する。Barry Buzan, *An Introduction to the English School of International Relations* (Cambridge: Polity, 2014), pp.15-7.

37——このような批判への対応として、英国学派においては国際社会（国際秩序）の類型化や学派特有の「制度」という概念を精緻化する取り組みも行われてきた。Buzan, *An Introduction to the English School of International Relations*.

38——以下の文献を参照のこと。A.F.K Organski, World Politics, 2nd ed. (New York:Knopf, 1969). Robert Gilpin, *War and Change in World Politics*. (Cambridge: Cambridge University Press, 1983).

39——たとえば、Graham Allison, *Destined for War: Can America and China Escape Thucydides's Trap?* (New York: Mariner Books, 2018).

40——紙幅の関係上、本節では省くが、リアリズム系覇権秩序論に批判的な理論として、第7章で「制度平和論」を取り上げている。

41——G John Ikenberry, *Liberal Leviathan: The Origins, Crisis, and Transformation of the American World Order* (Princeton: Princeton University Press, 2011).

42——G. John Ikenberry, "The End of Liberal International Order?", *International Affairs*, vol.94, no.1, 2018, pp.7-23

43——G. John Ikenberry, *A World Safe for Democracy: Liberal Internationalism and the Crises of Global Order* (New Haven: Yale University Press, 2020), pp. 255-285

44——Amitav Acharya, *The End of American Century*, (Cambridge:Polity Press, 2014), pp.33-58.

45——Amitav Acharya, *Constructing Global Order: Agency and Change in World Politics* (Cambridge: Cambridge University Press, 2018).

46——アチャリアは、ルール形成における新興国の影響力が大きくなることで、国際ルールの性質は、民主化や人権といった欧米の規範よりも、新興国が重視する国家主権の原則をより強く反映したものになる可能性が高いと主張している。Acharya, *The End of American Century*, pp.106-18.

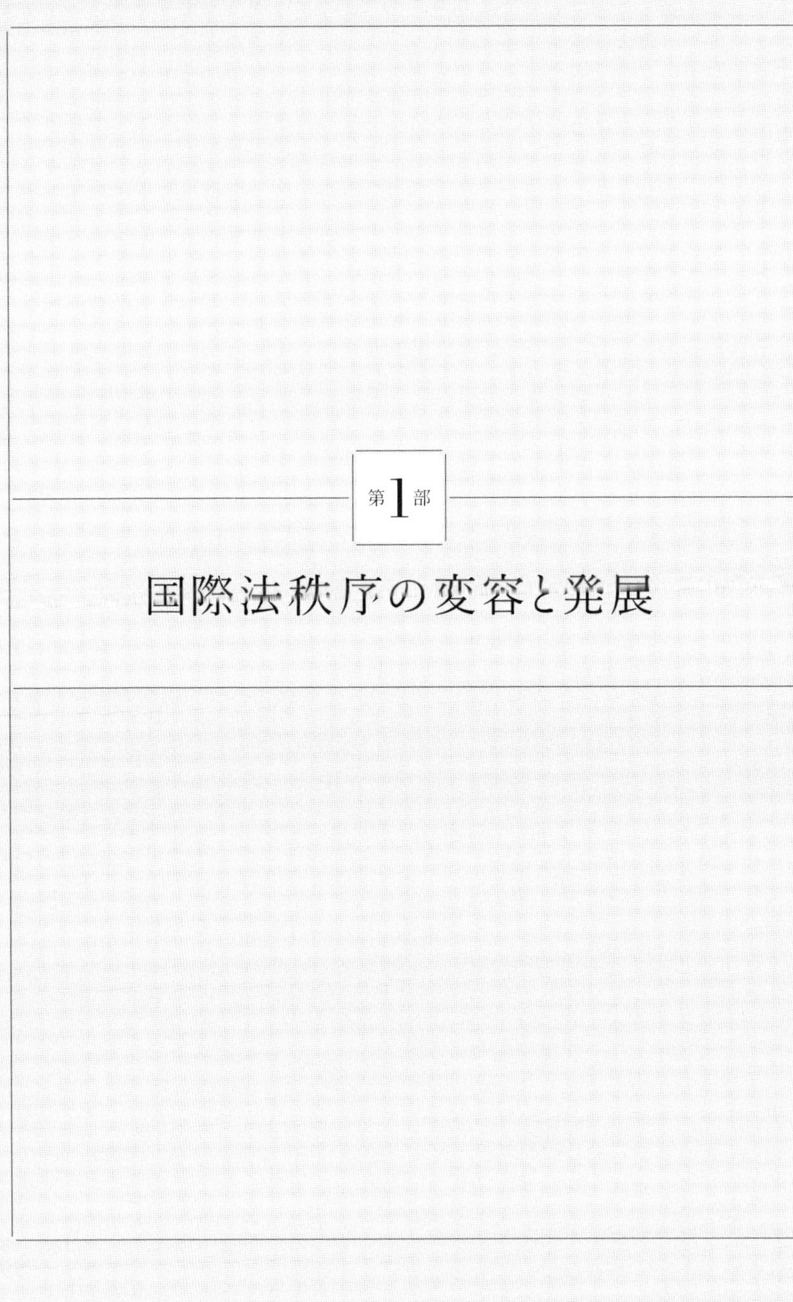

第1部 国際法秩序の変容と発展

第1章

武力行使規制をめぐる国際法秩序の発展
——非国家行為体に対する自衛を素材として

田中佐代子 TANAKA Sayoko

1▸ 国連憲章51条の解釈をめぐる争い

◆自衛権発動要件としての「武力攻撃」

武力不行使原則が確立した現代の国際法の下で、自衛権は、国際連合安全保障理事会（以下、安保理）の決定によらずに国家が自ら武力を行使する際に依拠することのできる事実上唯一の明文化された正当化根拠として、きわめて重要な位置を占めている。

国際連合憲章51条は自衛権について「武力攻撃が発生した場合（if an armed attack occurs）」という要件を定めている。この「武力攻撃」要件に関連して最も激しい論争が繰り広げられてきたテーマのひとつは、その主体の問題である。武力攻撃が国家によるものに限られるか、あるいは非国家行為体によるものも含むかを、51条は明示的に規定していない。そのため、非国家行為体が攻撃を実行し、それを国家に帰属する行為とみなすことができない場合に、当該非国家行為体に対する自衛権行使が認められるか否かが、争われてきた。

◆非国家行為体許容説と国家限定説の対立

自衛権発動の引き金となる武力攻撃の主体は非国家行為体を含むとする立場（以下、非国家行為体許容説とする）と、国家に限られるとする立場（以下、国家限定説とする）とは、51条の解釈をめぐって以下の通り対立している。

非国家行為体許容説の論者は、51条の中で武力攻撃の主体が明記されていない点を強調し、「その権利〔自衛権〕は『武力攻撃』に対して明確に認められており、特定の種類の攻撃者に対してではない[1]」と述べ、51条の文言は、武力攻撃が非国家行為体によってなされることを排除していないと主張する[2]。そうした解釈の代表的な例として、国際司法裁判所（以下、ICJ）の「パレスチナ占領地域における壁の建設の法的帰結」事件（以下、壁事件）におけるロザリン・ヒギンズ（Rosalyn Higgins）判事個別意見の「武力攻撃が国家によってなされた時にのみ自衛が用いられうると規定するものは、51条の文言の中に存在しない[3]」という一節がよく引用される[4]。これは、条約の解釈規則にいう「用語の通常の意味」を根拠とした解釈と位置づけられる[5]。

他方、51条の解釈にあたって国家限定説が重視するのは、条約の「文脈」と「趣旨及び目的」であり、具体的には、「すべての加盟国は、その国際関係において、武力による威嚇又は武力の行使を、……慎まなければならない。」と規定する国連憲章2条4項との関係である。オリヴィエ・コルテン（Olivier Corten）によれば、「『文脈に反した』方法で憲章51条について検討することはできない。51条において認められた自衛は、2条4項に述べられた一般規則の例外として、『国際関係』における武力の行使を対象とするものとアプリオリに理解されなければならない[6]」。すなわち、51条の自衛権は、2条4項の一般的な武力不行使原則の例外であるから、後者の違反に対してのみ行使されうる。しかし、2条4項は国家間関係にのみ適用されるもので、それに非国家行為体が違反すると言うことはできず、したがって、非国家行為体が51条の意味における「武力攻撃」の主体となることもない、という[7]。また、国連憲章の目的は国際社会の平和と安全の維持にあり、武力行使の禁止は国際法秩序の根幹をなす原則であるから、その例外である51条は厳格に制限的に解釈されなければならないとも主張される[8]。

このように51条の捉え方が争われている上、解釈の補足的手段となるべき「条約の準備作業及び条約締結の際の事情」[9]もあいまいである。国連憲章の起草過程において、「加盟国に対する国家による攻撃の場合に、当該加盟国は自衛の措置をとる固有の権利を有する」(傍点引用者) と規定する提案がなされたが[10]、その後の草案では「国家による」という文言は削除されている[11]。しかし、その変更に関して議論が交わされたことは確認できず、「国家による」という文言を削除した意図は(意図の有無も含めて)明らかではないため、起草過程からは、武力攻撃の主体をめぐる対立を解消するのに十分な手がかりは得られない[12]。

◆国際司法裁判所の立場

ICJは、壁事件勧告的意見において「憲章51条は、国家による他国に対する武力攻撃の場合に自衛の固有の権利が存在することを認めている[13]」と述べた。ここから、武力攻撃の主体を国家に限定するのがICJの立場だと理解されることが多い[14]。

しかし、ICJの上記の見解について、クリスティーン・グレイ (Christine Gray) は「これは自衛権の基本的で中心的なものを述べたものに過ぎない。裁判所は、国家による他国に対する武力攻撃の場合にのみ自衛権が存在するとは言っていない[15]」(傍点原典イタリック) と述べている。グレイの指摘の通り、以下に見るように、非国家行為体に対する自衛の問題についてICJは特定の立場を示していないと理解すべきである。

イスラエルは、パレスチナ占領地域における壁建設の合法性を主張する根拠のひとつとして、2001年9月11日の同時多発テロ事件 (以下、9.11) 後の安保理決議1368および1373がテロ攻撃に対する自衛権を明確に認めていると述べていた。これについてICJは、次のように判断し、イスラエルの主張を退けた。

> 裁判所は、イスラエルがパレスチナ占領地域を管理下においていること、そして、イスラエルが壁の建設を正当化するとしている脅威は、イスラエル自身が述べるように占領地域の外ではなく中で生じていることにも留意する。したがって、安保理決議1368および1373が想定する状況とは異なるのであり、それゆえ、いずれにせよイスラエルは、自衛権

を行使しているという主張を支えるためにこれらの決議を援用することはできない[16]。

ここでICJは、安保理決議1368および1373が想定する状況において、テロリスト、すなわち非国家行為体による攻撃に対して自衛権行使が認められる可能性について、肯定も否定もしていない。その可能性が仮に肯定されるとしても、本件では事実状況が異なるため、イスラエルがそれらの安保理決議に依拠することはできないという結論を示したのである。

また、ICJは「コンゴ領における武力活動事件（コンゴ民主共和国対ウガンダ）」において、ウガンダによるコンゴ民主共和国内の武力行使が自衛と言えるかを検討した上で、本件では「現代国際法において不正規部隊による大規模な攻撃に対する自衛権が認められているのかという点とその条件に関する当事国の主張に回答する必要はない[17]」と述べた。ここでも、ICJは非国家行為体に対する自衛の問題について、判断を示さなかったのである。

2▸ 議論状況の変化

◆学説の変化

国連憲章の下で非国家行為体に対する自衛権行使が認められるかについては、長らく議論がなされてきたが、「憲章制定後、初期の学説はおおむね、自衛に関する規則の国家中心的な解釈を前提としていた[18]」と言われるように、かつて、学説の主流を占めていたのは国家限定説であった[19]。

これに対して非国家行為体許容説をとる論者も従来から存在していたが[20]、その立場は、9.11をきっかけとして、今世紀に入ってから大きく力を増している[21]。クリスチャン・ヘンダーソン（Christian Henderson）は、「おそらく、今日では、多くの国家や学者が、非国家行為体はそれ自体として国際法上の武力攻撃の実行者となる資格を有すると見ていると言ってよいだろう。そうした見方は、9.11攻撃に対するアメリカの自衛権援用をうけて結晶化したと考えられる[22]」と述べている。たしかに、9.11後に非国家行為体許容説を説く学説は枚挙にいとまがない[23]。

さらに、2014年以降アメリカをはじめとする国々がシリア領域内のイスラム過激派組織ISIL（Islamic State in Iraq and the Levant）に対する軍事作戦を実施したことをうけて、非国家行為体許容説をとる論者はその立場への自信を深めているように思われる。例えば、シリア内のISILへの国際社会の対応が、非国家行為体に対する自衛権行使を受け入れる法規範の変化への「最後の一押し」となったとの主張が見られる[24]。

◆諸国の見解の変化

学説状況のみならず、国家の見解にも変化が見られる。かつては、グレイによれば、「テロ攻撃に対する武力行使を正当化するために自衛を援用したのは、9.11以前にはわずかな国のみであった。アメリカとイスラエルは……51条を援用したが、それらの武力行使は同条の限界を超えているという見方が多数を占めていた[25]」。

しかし、今日では、非国家行為体許容説に立った見解を表明する国家は、決して少なくない。2021年2月24日、メキシコの招集により、「国連憲章の集団安全保障体制を守る：国際法における武力行使、非国家行為体、正当な自衛」というテーマで安保理非公式会合が開かれ、特に非国家行為体に関する憲章51条の範囲と解釈について、議論がなされた。その際、オーストラリア、オーストリア、アゼルバイジャン、ベルギー、アメリカ、エストニア、フランス、インド、ノルウェー、オランダ、ペルー、カタール、イギリス、トルコ、ロシアが、非国家行為体に対する自衛について肯定的な立場を表明した。それは、同会合で発言し、かつこの論点についての賛否を示した国家のうちの過半数を占めていた[26]。

このように、テロリズムの脅威が高まる中で、非国家行為体許容説が有力に主張されるようになっている。国家限定説が通説的地位にあった20世紀後半の状況から、もはや潮目は変わっていると言えるだろう。自衛に関する法の許容的解釈が好まれることは、武力行使の法的規制が弛緩しつつあるということを意味するのだろうか。

3▸ 非国家行為体に対する自衛権行使の条件の精緻化

◆領域国の意思·能力の欠如という条件

学説状況が全体として大きく変化したとはいえ、武力攻撃の主体は国家に限られるとする伝統的な立場は根強く存在している[27]。その論者らが強く懸念するのは、自衛権行使の直接の対象が非国家行為体であるとしても、当該軍事行動が展開されるのは、基本的にはいずれかの国家の領域だという点である[28]。非国家行為体による武力行為に実質的に関与していない領域国が、一体なぜ自国内での他国の軍事行動を甘受しなければならないのかが問題となる。

そうした疑問にさらされた非国家行為体許容説においては、自衛のための軍事行動がなされる領域国の状況に着目し、非国家行為体に対する自衛権行使可能性に一定の条件を付すことによって、問題を克服しようとする試みがなされている。

一例として、イギリスのシンクタンク、チャタムハウスにおいて、著名な国際法学者らの参加の下で2005年に作成された「自衛のための武力行使についての国際法に関するチャタムハウス原則(the Chatham House Principles)」を挙げることができる。同原則は、「51条は、国家による攻撃に対する自衛に限定されていない。自衛権は非国家行為体による攻撃にも適用されうる[29]」として非国家行為体許容説の立場を明確に示す。その際、「非国家行為体の私的な集団によるものであるとしても、進行中の攻撃に対して、国家が自らを守る権利があることは、一般に疑問視されない。議論の的となっているのは、そうした攻撃の発信地と推定される国家に対して行動をとる権利なのである。なぜなら、国家の中にいる非国家行為体に対する攻撃は、必然的に、当該領域国における武力の行使を構成することを認めざるを得ないからだ[30]」と述べ、非国家行為体所在地国内での軍事行動が懸念されることに理解を示している。

その上で、「当該国家にはテロリストの行為についての責任はないかもしれないが、他国に対する攻撃の拠点として自国領域が使用されるのを防ぐための合理的な措置をとらなかったことについて責任がある。その義務を果たす能力がなかったからといって、義務から解放されるわけではない。……したがって、国家が領域内に所在するテロ組織を取締まる意思または能力を欠く場合には、テロ攻撃の被害国は、最終手段として、領域国内のテロ組織に対して自衛のために行動することを許される[31]」と主張する。非国家行為体の武力行為に実質的に関与していない国家の領域内での軍事行動が許されるのは、当該領域国が実効的に領域を管理する責任を果たしていないためだと説明されている。そのため、非国家行為体に対する自衛権の行使には、領域国がテロ組織に対処する意思または能力を欠くこと、という条件が付されるのである。

このように「領域国の意思または能力の欠如の基準」(以下、意思・能力欠如基準)(‘unwilling or unable’ test / standard)が適用されるという主張は、個々の学説に加え[32]、オランダの専門家らにより2010年に発表された「対テロリズムと国際法に関するライデン政策提言(Leiden Policy Recommendations)」や[33]、2006年から2011年にかけてイギリス外務省法律顧問を務めたダニエル・ベツレヘム(Daniel Bethlehem)が2012年に示したいわゆるベツレヘム原則[34]にも見られる。

◆意思·能力欠如基準の意義と問題点

意思・能力欠如基準は、解釈論上は、必要性要件の判断基準の一部をなすものとして主張されている[35]。あらゆる自衛権行使に課される必要性要件の判断基準を、特に非国家行為体が武力攻撃の主体である場合について、厳格化ないし明確化する議論と捉えることができる。非国家行為体に対する自衛それ自体は許容しつつも、一定の歯止めをかけ、国際法による武力行使の規制を堅持することが企図されているのである。

9.11以降、非国家行為体許容説が有力な立場となり、あわせて意思・能力欠如基準の適用が主張される背景には、テロの脅威とそれへの対処のあり方に関する次のような考え方がある。すなわち、今日、テロリストは単に各国の治安に悪影響を及ぼす存在ではなく、国際社会全体の平和と安全にとっての脅威である。テロリズムへの対処は国際社会の共通利益であって、その実現のために各国家はテロリストに活動の場所を与えない責任を負う、という考え方である。それゆえに、第一義的な責任を負う領域国がそれを果たす意思または能力を欠く場合には、代わりにテロ被害国が自衛権を行使できる、とされる。こうした主張においては、非国家行為体に対する自衛は、国家の安全や国民の生命・財産を守ると同時に、国際社会の共通利益に資する措置として、その正当性が訴えられることとなる[36]。

しかしながら、自衛措置をそのように性格づけることは、濫用の危険を増すことにつながりかねない。非国家行為体の武力攻撃により自らの安全が害されたと直接の被害国が判断する場合と比較すれば、実効的な領域管理がなされていない場所で活動する非国家行為体が国際社会全体の利益を脅かしていると個別国家が独自に判断する場合には、恣意的な判定が下される危険がより大きいように思われる。したがって、意思・能力欠如基準が意図された通り武力行使規制のために機能するには、非国家行為体の脅威の適切な認定をどのように確保するか、という問題を乗り越えなければならない。

意思・能力欠如基準の実定法上の位置づけを考察するためには、国家実行の広範かつ詳細な検討を要するが、紙幅の都合上、以下では、2つの主要な事例のみを取り上げる。

◆イスラエルによるレバノン侵攻(2006年)

2006年7月12日、ヒズボラがレバノン領域内からイスラエルに対してロケット砲を発射し、その後、越境攻撃を行ったことをうけて、ヒズボラとイスラエル国防軍との戦闘が始まった。イスラエルは、国連事務総長および安保理議長にあてた同日付の書簡において、ヒズボラの行為を非難し、それに対して「国連憲章51条にもとづいて行動し、国連加盟国に対して武力攻撃が開始された際に自衛権を行使する権利を留保する」と述べた[37]。レバノン領域内で軍事行動を展開しながらも、「イスラエルはレバノンと戦っているのではない[38]」と明言しており、非国家行為体たるヒズボラに対する自衛により正当化を図ったものと捉えられる。

これに対する国際社会の反応としては、イスラエルの軍事行動の態様や影響については批判するものの、自衛の権利の存在自体は認める傾向が見られた。例えば安保理会合においては、アルゼンチン、イギリス、ペルー、デンマーク、ギリシャ、フランスがそうした趣旨の発言をしている[39]。国連事務総長もまた、イスラエルによる過剰な武力の行使については停止を求めたが、「私はすでに、イスラエルに対するヒズボラの攻撃を非難し、憲章51条の下でイスラエルが自国を防衛する権利を承認している」と述べた[40]。

安保理は議論を経て2006年8月11日に決議1701を採択し、「とりわけヒズボラによる全ての攻撃の即時停止およびイスラエルによる全ての攻撃的(offensive)軍事作戦の即時停止にもとづく戦闘の完全な停止を要請[41]」した。イスラエルに対し、全ての軍事作戦の停止ではなく、「攻撃的」軍事作戦の停止を求めた点に、防衛的な軍事行動は許容されるという見解が暗示されている[42]。

このように本件で非国家行為体に対する自衛に肯定的な見解が多く示されていたことに加え、それが領域国レバノンの状況と結びつけて論じられていたことが注目される。イスラエルは、自衛権に言及した上記書簡において、ヒズボラの戦闘行為について、自国領域に管轄権を行使してこなかったレバノン政府に責任があると主張していた[43]。また、安保理決議1701には、「レバノン政府の領域に対する支配を拡張するためのレバノンの首相および政府の努力を歓迎[44]」するとの表現が含まれており、これは、裏を返せば、現状においてはレバノン政府の支配が領域全体に完全には及んでいないと捉えられていたことを示している。自衛権を援用したイスラエルの主張や、安保理における議論から、レバノンの領域管理の不十分さがヒズボラに対する自衛権行使の必須の条件であったという認識まで読み取ることは難しいが、考慮要素には含まれていたと言えるだろう。

領域国の意思・能力の欠如を考慮することに伴う上述の問題——非国家行為体が国際社会全体にとって脅威となっていると自衛権援用国が恣意的に判断する危険——を想起すると、イスラエルが「ヒズボラの行為は、イスラエルの北部国境のみならず、地域および世界全体によって重大な脅威をなす[45]」と自ら主張したのみならず、「安保理はその決議1559によって示されるように、この脅威を深刻に捉えていた[46]」と述べた点が重要である。ここから、安保理決議を参照することが、非国家行為体の脅威の客観的な認定を確保する方法となりうるということが理解できる。

◆対ISIL軍事作戦

2014年にアメリカはシリア領域内のISILに対する空爆を開始し、その後、同国が主導する有志連合諸国によって対ISIL軍事作戦が実行されることとなった。この際、シリアの同意は得られなかったため、自衛権に依拠した武力行使の正当化が図られた[47]。様々な地域の多くの国家が参加したこの軍事作戦は、「相当数の国家が、非国家行為体に対する作戦の文脈で51条を援用することに前向きであるということを示した」と指摘されている[48]。合法性について他国から一切疑義が呈されなかったわけではないが、国際社会においてISIL掃討作戦に対する広範な支持が見られたことはたしかである[49]。

対ISIL軍事作戦に参加し自衛権を援用したいくつかの国家は、意思・能力欠如基準に言及しており、この点、上記のレバノン侵攻の事例よりも明確である。例えば、アメリカは、「本件のように、脅威が所在する国家の政府が、攻撃のために自国領域が利用されることを防ぐ意思または能力を欠くときには、国連憲章51条に反映された個別的および集団的自衛の固有の権利にしたがって国家は自らを守ることができなければならない[50]」と述べた。イギリス[51]、カナダ[52]、トルコ[53]、オーストラリア[54]も同様に主張し、ドイツもまた、自衛権を援用するにあたり、シリア政府が実効支配を及ぼしていない領域を拠点としてISILの攻撃がなされていることを考慮していた[55]。

さらに、イギリスは、安保理に自衛権行使を報告した書簡において、「2015年の決議2249において、安保理は、……ISILが国際の平和と安全に対する地球規模で前例のない脅威を構成する、ということを認定した」と述べ、自国の行動が安保理決議2249の要請に沿ったものであることを主張している[56]。デンマーク[57]、オランダ[58]、ノルウェー[59]、ベルギー[60]からの安保理への書簡にも同様の記述が見られる。本来、自衛権の発動には安保理の許可や要請は不要であるが、これらの国々はあえて安保理決議に言及した。安保理による非国家行為体の脅威の認定を踏まえていると誇示することが、自衛権援用の説得力を高めるために有効と判断されたと考えられる。

◆武力行使規制をめぐる国際法秩序の発展の可能性

よく言われるように、武力不行使原則は現代国際法秩序の礎石をなす。例外たる自衛権の範囲が仮に無制約に広がれば、武力不行使原則それ自体が意味を失い、現代国際法秩序の土台が揺らぐことになりかねない。近年、非国家行為体に対する自衛権行使可能性を許容する解釈が有力になっており、一見、国際法による武力行使規制が弛緩してしまったかのようである。

しかしながら、非国家行為体許容説においては、武力攻撃を行う非国家行為体に対して領域国が実効的に対処する意思または能力を欠く場合に限るという条件が付されるようになっており、その実証的な裏づりとなりうる国家実行が現れている。そうした実行は、非国家行為体の脅威が客観的に——例えば安保理決議を通じて——認定されることが、自衛権の濫用を回避するひとつの手立てとして重要であることも示唆している。

非国家行為体に対する自衛権行使の条件を精緻化しようとする試みが、もしも現実に一層反映されていくのだとすれば、武力行使規制をめぐる国際法秩序は、国際社会全体の平和と安全を脅かすテロリズムへの対処という時代の要請にあわせて発展を遂げつつある、と評価することができるだろう。

註

1——Thomas Franck, "Terrorism and the Right of Self-Defense," *American Journal of International Law*, vol. 95, no. 4 (October 2001), p. 840. (〔　〕内引用者補足。)

2——Ibid. See also Carsten Stahn, "Terrorist Acts as 'Armed Attack': The Right to Self-Defense, Article51 (1/2) of the UN Charter, and International Terrorism," *Fletcher Forum of World Affairs*, vol. 27, no. 2 (Summer/ Fall 2003), p. 42; Christopher Greenwood, "Self-Defence," (last updated April 2011) in Anne Peters and Rüdiger Wolfrum eds., *The Max*

Planck Encyclopedia of Public International Law (Oxford University Press, 2008–) <www.mpepil.com> accessed 30 November 2022, para. 17.

3 ——Separate Opinion of Judge Higgins, *I.C.J. Reports 2004*, p. 215, para. 33.

4 ——André de Hoogh, "Restrictivist Reasoning on the *Ratione Personae* Dimension of Armed Attacks in the Post 9/11 World," *Leiden Journal of International Law*, vol. 29, no. 1 (March 2016), p. 21.

5 ——Sean D. Murphy, "Self-Defense and the Israeli *Wall* Advisory Opinion: An *Ipse Dixit* from the ICJ?," *American Journal of International Law*, vol. 99, no. 1 (January 2005), p. 64. 条約法に関するウィーン条約（以下、条約法条約）31条1項は、「条約は、文脈によりかつその趣旨及び目的に照らして与えられる用語の通常の意味に従い、誠実に解釈するものとする。」と規定する。条約法条約（1980年発効）は4条において不遡及を明示しており、国連憲章（1945年署名、発効）に遡及適用されることはないが、条約法条約31条から33条に法典化された条約解釈の一般的規則は慣習国際法を反映しており、それに従って国連憲章も解釈される。Albrecht Randelzhofer and Georg Nolte, "Article 51," in Bruno Simma et al. eds., *The Charter of the United Nations: A Commentary, Vol. II*, 3rd ed., (Oxford: Oxford University Press, 2012), p. 1400, MN 4.

6 ——Olivier Corten, *Le droit contre la guerre*, 3e édition, (Paris: Pedone, 2020), pp. 267-268. 松井芳郎『武力行使禁止原則の歴史と現状』（日本評論社、2018年）79頁も同旨。

7 ——Corten, *Le droit contre la guerre*, pp. 267-268.

8 ——Dire Tladi, "The Nonconsenting Innocent State: The Problem with Bethlehem's Principle 12," *American Journal of International Law*, vol. 107, no. 3 (July 2013), pp. 573-574; Dire Tladi, "The Use of Force in Self-Defence against Non-State Actors, Decline of Collective Security and the Rise of Unilateralism: Whither International Law?," in Mary Ellen O'Connell, Christian J. Tams and Dire Tladi, *Self-Defence against Non-State Actors* (Cambridge; New York: Cambridge University Press, 2019), pp. 61-65; Mary Ellen O'Connell, "Self-Defence, Pernicious Doctrines, Peremptory Norms," in O'Connell, Tams and Tladi, *Self-Defence against Non-State Actors*, pp. 180-182.

9 ——条約法条約32条は、31条の規定による解釈によっては意味があいまい又は不明確な場合等に、「解釈の補足的手段、特に条約の準備作業及び条約締結の際の事情に依拠することができる」と定めている。

10——*Foreign Relations of the United States: Diplomatic Papers 1945* (Washington: United States Government Printing Office, 1967), vol. I, p. 674.

11——Ibid., pp. 705, 813.

12——Raphaël van Steenberghe, *La légitime défense en droit international public* (Bruxelles: Larcier, 2012), pp. 270-271; Kimberley N. Trapp, "Can Non-State Actors Mount an Armed Attack?," in Marc Weller ed., *The Oxford Handbook of the Use of Force in International Law* (Oxford: Oxford University Press, 2015), pp. 684-685; Christian J. Tams, "Self-Defence against Non-State Actors: Making Sense of the 'Armed Attack' Requirement," in O'Connell, Tams and Tladi, *Self-Defence against Non-State Actors*, pp. 123-124.

13——*Conséquences juridiques de 1'édification d'un mur dans le territoire palestinien occupé, avis consultatif, C.I.J. Recueil 2004*, p. 194, para. 139.

14——例えば、浅田正彦「憲法上の自衛権と国際法上の自衛権」村瀬信也編『自衛権の現代的展開』(東信堂、2007年) 281-282頁 ; 川岸伸「非国家主体と国際法上の自衛権 (一) ——九・一一同時多発テロ事件を契機として」『法学論叢』第167巻第4号 (2010年7月) 106-107頁。Ruth Wedgwood, "The ICJ Advisory Opinion on the Israeli Security Fence and the Limits of Self-Defense," *American Journal of International Law*, vol. 99, no. 1 (January 2005), p. 58; Greenwood, "Self-Defence," para. 16.

15——Christine Gray, *International Law and the Use of Force*, 4th ed., (Oxford: Oxford University Press, 2018), p. 142.

16——*C.I.J. Recueil 2004*, p. 194, para. 139.

17——*Armed Activities on the Territory of the Congo (Democratic Republic of the Congo v. Uganda), Judgment, I.C.J. Reports 2005*, p. 223, para. 147.

18——Christian Marxsen and Anne Peters, "Introduction: Dilution of Self-Defence and its Contents," in O'Connell, Tams and Tladi, *Self-Defence against Non-State Actors*, p. 2.

19——Christian J. Tams, "The Use of Force against Terrorists," *European Journal of International Law*, vol. 20, no. 2 (April 2009), pp. 362-373.

20——E.g., D. W. Bowett, *Self-Defence in International Law* (Manchester: Manchester University Press, 1958), pp. 55-65.

21——9.11以降、自衛に関する法の許容的解釈 (非国家行為体許容説を含む) を主張する論者が増えていることについて、Jörg Kammerhofer, "The Resilience of the Restrictive Rules on Self-Defence," in Weller ed., *The Oxford Handbook of the Use of Force in International Law*, pp. 632-635.

22——Christian Henderson, *The Use of Force and International Law* (New York: Cambridge University Press, 2018), p. 210.

23——E.g., Sean D. Murphy, "Terrorism and the Concept of 'Armed Attack' in Article 51 of the U.N. Charter," *Harvard International Law Journal*, vol. 43, no. 1 (December 2002), pp. 47-51; Stahn, "Terrorist Acts as 'Armed Attack': The Right to Self-Defense, Article51 (1/2) of the UN Charter, and International Terrorism," pp. 42-43. 下記注32に挙げる文献も参照。さらにより多くの文献を挙げるものとして、Jordan Paust, "Self- Defense Targetings of Non-State Actors and Permissibility of U.S. Use of Drones in Pakistan," *Journal of Transnational Law & Policy*, vol. 19, no. 2 (Spring 2010), pp. 239-240, n. 3.

24——Michael P. Scharf, "How the War against ISIS Changed International Law," *Case Western Reserve Journal of International Law*, vol. 48 (2016), p. 66.

25——Gray, *International Law and the Use of Force*, p. 202.

26——*Letter dated 8 March 2021 from the Permanent Representative of Mexico to the United Nations addressed to the Secretary-General and the President of the Security Council*, UN Doc. S/2021/247. 同会合で発言した国家は33か国であった。非国家行為体に対する自衛に明確に反対した国家は、メキシコ、中国、ブラジル、スリランカであった。

27——前記注6、8に挙げたものに加えて、浅田正彦「同時多発テロ事件と国際法——武力行使の法的評価を中心に」『国際安全保障』第30巻第1-2合併号 (2002年9月) 75-76

頁。See also *A Plea against the Abusive Invocation of Self-Defence as a Response to Terrorism*, <https://cdi.ulb.ac.be/wp-content/uploads/2016/06/A-plea-against-the-abusive-invocation-of-self-defence.pdf> accessed 30 November 2022.

28——松井『武力行使禁止原則の歴史と現状』81-82頁。公海上など、いずれの国の領域でもない場所でなされるのは、例外的な場合であろう。

29——Elizabeth Wilmshurst, "The Chatham House Principles of International Law on the Use of Force in Self-Defence," *International and Comparative Law Quarterly*, vol. 55, no. 4 (October 2006), p. 969.

30——Ibid., p. 970.

31——Ibid.

32——Kimberly N Trapp, "Back to Basics: Necessity, Proportionality, and the Right of Self-Defence Against Non-State Terrorist Actors," *International and Comparative Law Quarterly*, vol. 56, no. 1 (January 2007), pp. 146-147; Noam Lubell, *Extraterritorial Use of Force Against Non-State Actors* (Oxford: Oxford University Press, 2010), pp. 46-48; Raphaël van Steenberghe, "Self-Defence in Response to Attacks by Non-state Actors in the Light of Recent State Practice: A Step Forward?," *Leiden Journal of International Law*, vol. 23, no. 1 (March 2010), pp. 199-202; van Steenberghe, *La légitime défense en droit international public*, pp. 353-358; Greenwood, "Self-Defence," para. 18; Christian J Tams and James G Devaney, "Applying Necessity and Proportionality to Anti-Terrorist Self-Defence," *Israel Law Review*, vol. 45, no. 1 (March 2012), pp. 98-101; Lindsay Moir, "Action against Host States of Terrorist Groups," in Weller ed., *The Oxford Handbook of the Use of Force in International Law*, pp. 720-735; Kinga Tibori-Szabó, "The 'Unwilling or Unable' Test and the Law of Self-defence," in Christophe Paulussen et al. eds., *Fundamental Rights in International and European Law: Public and Private Law Perspectives* (The Hague: T.M.C. Asser Press, 2016), pp. 89-93; Yoram Dinstein, *War, Aggression and Self-Defence*, 6th ed., (Cambridge: Cambridge University Press, 2018), pp. 293-294, 297-298, paras. 768, 778; Terry D. Gill and Kinga Tibori-Szabó, "Twelve Key Questions on Self-defence against Non-State Actors – and Some Answers," *Israel Yearbook on Human Rights*, vol. 50 (2020), pp. 189-202. さらに、国際法協会の武力行使に関する委員会の報告書においても同様の見解が示されている。"Final Report on Aggression and the Use of Force," International Law Association, *Report of the Seventy-Eighth Conference: Sydney (2018)*, pp. 607-610.

33——Nico Schrijver and Larissa van den Herik, "Leiden Policy Recommendations on Counter-Terrorism and International Law," *Netherlands International Law Review*, vol. 57, no. 3 (September 2010), p. 542, para. 42.

34——Daniel Bethlehem, "Self-Defense Against an Imminent or Actual Armed Attack by Nonstate Actors," *American Journal of International Law*, vol.106, no. 4 (October 2012), pp. 775-776.

35——田中佐代子「非国家行為体に対する越境軍事行動の法的正当化をめぐる一考察——『領域国の意思・能力の欠如』理論（'unwilling or unable' doctrine）の位置づけ」『法学志林』第116巻第2-3合併号（2019年2月）279-284頁。意思・能力欠如基準は、解釈論上、異なる形で（例えば非国家行為体の武力行為が国家に帰属する基準として）主張されることもあるが、本稿の分析対象である、非国家行為体に対する自衛という問題との関連では、必要性要件の判断基準として位置づけられる。

36——同上、292-299頁。

37——*Identical letters dated 12 July 2006 from the Permanent Representative of Israel to the United Nations addressed to the Secretary-General and the President of the Security Council*, UN Doc. S/2006/515.

38——UN Doc. S/.PV.5503, p. 4.

39——UN Doc. S/PV.5489, pp. 9, 12, 14-18.

40——UN Doc. S/PV.5492, p. 3.

41——UN Doc. S/RES/1701 (2006), para. 1.

42——Tatiana Waisberg, "Colombia's Use of Force in Ecuador Against a Terrorist Organization: International Law and the Use of Force Against Non-State Actors," *ASIL Insights*, vol. 12, no. 17 (August 2008), n. 11. ただし、カタールや中国など、イスラエルの行為を侵略として強く非難した国家もあり（UN Doc. S/PV.5489, pp. 10-11）、本件の評価を確定するためにはより総合的な検討が必要である。

43——UN Doc. S/2006/515.

44——UN Doc. S/RES/1701 (2006).

45——Ibid.

46——UN Doc. S/.PV.5503, p. 4.

47——*Letter dated 23 September 2014 from the Permanent Representative of the United States of America to the United Nations addressed to the Secretary-General*, UN Doc. S/2014/695; *Identical letters dated 25 November 2014 from the Permanent Representative of the United Kingdom of Great Britain and Northern Ireland to the United Nations addressed to the Secretary-General and the President of the Security Council*, UN Doc. S/2014/851; *Letter dated 31March 2015 from the Chargé d'affaires a.i. of the Permanent Mission of Canada to the United Nations addressed to the President of the Security Council*, UN Doc. S/2015/221; *Letter dated 24 July 2015 from the Chargé d'affaires a.i. of the Permanent Mission of Turkey to the United Nations addressed to the President of the Security Council*, UN Doc. S/2015/563; *Letter dated 9 September 2015 from the Permanent Representative of Australia to the United Nations addressed to the President of the Security Council*, UN Doc. S/2015/693; *Identical letters dated 8 September 2015 from the Permanent Representative of France to the United Nations addressed to the Secretary-General and the President of the Security Council*, UN Doc. S/2015/745; *Letter dated 10 December 2015 from the Chargé d'affaires a.i. of the Permanent Mission of Germany to the United Nations addressed to the President of the Security Council*, UN Doc. S/2015/946; *Letter dated 11 January 2016 from the Permanent Representative of Denmark to the United Nations addressed to the President of the Security Council*, UN Doc. S/2016/34; *Letter dated 3 June 2016 from the Permanent Representative of Norway to the United Nations addressed to the President of the Security Council*, UN Doc. S/2016/513; *Letter dated 7 June 2016 from the Permanent Representative of Belgium to the United Nations addressed to the President of the*

Security Council, UN Doc. S/2016/523.

48——International Law Association, *Report of the Seventy-Eighth Conference: Sydney (2018)*, p. 607.

49——Gill and Tibori-Szabó, "Twelve Key Questions on Self-defence against Non-State Actors – and Some Answers," pp. 185-186.

50——UN Doc. S/2014/695.

51——Memorandum to the Foreign Affairs Select Committee, Prime Minister's Response to the Foreign Affairs Select Committee's Second Report of Session 2015-16: The Extension of Offensive British Military Operations to Syria, <https://www.parliament.uk/globalassets/documents/commons-committees/foreign-affairs/PM-Response-to-FAC-Report-Extension-of-Offensive-British-Military-Operations-to-Syria.pdf> accessed 30 November 2022.

52——UN Doc. S/2015/221.

53——UN Doc. S/2015/563.

54——UN Doc. S/2015/693.

55——UN Doc. S/2015/946.

56——*Letter dated 3 December 2015 from the Permanent Representative of the United Kingdom of Great Britain and Northern Ireland to the United Nations addressed to the President of the Security Council*, UN Doc. S/2015/928.

57——UN Doc. S/2016/34.

58——UN Doc. S/2016/132.

59——UN Doc. S/2016/513.

60——UN Doc. S/2016/523.

第2章

「経済の安全保障化」は国際通商秩序をいかに変容させるか

平見健太 HIRAMI Kenta

1▸ 「経済の安全保障化」の潮流

第2次大戦後以来今日まで続く国際通商秩序は、「より自由な貿易（freer trade）」を実現すべく諸国が国際経済協力を展開してゆくことを本旨とするものであったと言える。

およそ国際経済法は、市場における経済活動に「一定の」秩序を導入することをその使命とするが、具体的にどのような秩序が設定されるかは、究極的には法形成を担う諸国の市場に対する構え方に依存する。この点、功利主義を背景とした自由市場理念の原則的支持のもとに推進・形成された戦後の国際通商秩序は、かかる理念をその存立基盤として、通商条約等を通じて具体的な法概念やルールを発展・維持させてきた[1]。むろん、人権や環境といった非経済的価値の台頭が、自由市場の理念に修正を迫ってきた経緯はあるものの、しかし今日に至るまで、自由主義がその枢要な価値理念として措定されてきたことに変わりはない[2]。こうした秩序の性格は、通商条約が主として市場競争に関する秩序維持のためのルールから構成され、他方で非経済的価値に関する問題はあくまで例外規定として整備されるにすぎず、まさに例外的な場合に原則ルールとの調整が行われることを前提とした規範構造になっている点にもよく表れている。

ところが、今日の国際社会で急速に進行する経済と安全保障の接近・融合傾向、すなわち「経済の安全保障化（securitization of economy）」が、既存の国際通商秩序を大きく動揺させつつある。こうした潮流の背景には、権威主義的・非市場的な政治経済体制を備えた中国の台頭や、デジタル革命などの技術革新による軍事用／民生用技術の一層の相対化、さらには、近年のCOVID-19パンデミックやロシアのウクライナ侵攻を契機とする、サプライチェーンの寸断、エネルギー危機、食糧危機といった種々の要因があることは周知のとおりであろう。こうして生じつつある新たな課題群に対して、世界貿易機関（以下、WTO）協定等の既存のルールが十分な規律を提供し得ないことが徐々に認識されつつある一方で[3]、期待されるWTO改革の行方はいまだ見通せず[4]、国際通商秩序は混迷を深めているように思われる。

以上のような国際社会の変動を前に大きく動揺する国際通商秩序は、今後いかなる方向へ向かうのだろうか。本稿はかような問題意識のもと、近時の新たな国際ルール形成の動きに着目し、かかる取り組みが今後の通商秩序のゆくえにとっていかなる示唆を持つのかを考察することを目的とする。本稿が具体的に着目するのは、環大西洋を舞台とした新たな国際経済協力の枠組みであるアメリカ・EU貿易技術評議会（TTC）と、インド太平洋を舞台とした条約構想であるインド太平洋経済枠組み（IPEF）の2つであるが、いずれの構想も端緒についたばかりであり、分析対象としてはいまだ不明瞭な点も少なくない。しかしながら、後述のとおりこれら2つの枠組みは、その制度設計や扱われるテーマに鑑みると、従来の通商条約とは異質のものであることが容易に理解されるのである。

以下では、各構想の概要を確認するとともに、両者の重複と共通性を浮き彫りにする。そのうえで、こうした新たな国際経済協力の動きが、既存の通商秩序との関係でいかなる特質を持っているのかを考察する。

2▸ 新たな秩序形成の萌芽？

◆アメリカ・EU貿易技術評議会（TTC）

アメリカ・EU貿易技術評議会（US-EU Trade and Technology Council：以下、

TTC）は、アメリカとEUとのあいだで共有された民主主義的価値を基礎に、貿易・経済・技術に関する課題へのアプローチを調整し、両者の貿易・経済関係を深化させるための外交フォーラムとして、2021年6月の米EU首脳会談にて設置が合意された枠組みである。その主たる目標は、米EU間における貿易・投資の拡大および深化、技術・デジタル・サプライチェーンに関する政策協力、共同研究の支援、国際標準の開発に関する協力、規制政策および執行に関する協力の促進、米欧企業のイノベーションと主導的地位の促進などにあるとされる。かかる目標を達成するための手段として、TTCは重点課題ごとに10の作業部会（Working Groups）を設置しており（表2-1を参照）、各作業部会における政策担当者間での実務協議を踏まえ、定期的に開催される閣僚会合にて政治レベルの合意を形成してゆくことが想定されている[5]。

2022年11月までに、TTCは計2回の閣僚会合を開催しており（第1回：2021年9月、アメリカ・ペンシルベニア州ピッツバーグ[6]。第2回：2022年5月、フランス・パリ[7]）、上記目標に関する大きな成果はまだ出ていないものの、各作業部会を通じた課題対応が着実に進展しつつある。米欧の産業界においても、TTCに対する期待や関心は総じて高いとされる[8]。とりわけ、第2回会合で合意された「戦略的標準化情報（Strategic Standardisation Information: SSI）」メカニズムは、重要な新技術について、アメリカとEUの共有する価値や経済的、政治的利益に合致する規格の国際標準化を目指すもので[9]、権威主義国との技術覇権競争の観点からも注目に値する。また、2022年2月に勃発したロシアのウクライナ侵攻に関して、ロシアに対する経済制裁の一環として輸出管理・貿易制限に関する米EU間の協調がTTCを通じて迅速に実現したことは、本枠組みの実効性を示す重要な成果といえる[10]。

このようにTTCは、国際法上の権利義務を設定する条約というよりも、あくまで米EU間の政策調整のためのフォーラムとしての色彩が強く、伝統的な通商条約やFTAとは大きく異なっている。とはいえTTCは、米EU間に横たわる長年の通商課題をひとまず棚上げにすることで、技術の問題を中心に、デジタル、サプライチェーン強靭化、環境、人権、労働、非市場経済慣行などの新興課題に焦点を当てようとするものであり、その意味で、米

表2-1　TTCにおける10の作業部会

	所掌事項
第1作業部会	技術標準に関する協力
第2作業部会	気候およびクリーン技術
第3作業部会	安全なサプライチェーン
第4作業部会	情報通信に関するセキュリティおよび競争性
第5作業部会	データガバナンスおよび技術プラットフォーム
第6作業部会	安全保障および人権を脅かす技術濫用
第7作業部会	輸出管理に関する協力
第8作業部会	投資審査に関する協力
第9作業部会	中小企業のデジタル化促進
第10作業部会	グローバルな通商課題(非市場経済慣行を含む)

出典：筆者作成。

EUがこれら課題への対応をきわめて重要なものと捉えていることは容易に理解される。また、上記課題群への対応方法として、条約を通じた静態的なルールの設定よりも、柔軟かつ臨機応変な対応を可能とする不定形な政策協調メカニズムが選好されていることも、TTCの制度設計上の重要な特徴である。

◆インド太平洋経済枠組み(IPEF)

2017年にトランプ政権が環太平洋パートナーシップ(TPP)からの離脱を表明して以来、アメリカのインド太平洋地域に関する経済的関与戦略は不明瞭なままであったが、その間隙を縫うかたちで中国が、地域的な包括的経済連携協定(RCEP)の発効や、デジタル経済パートナーシップ協定(DEPA)および環太平洋パートナーシップに関する包括的及び先進的な協定(CPTPP)への加入申請等を通じて、同地域に対する関与を深めようとしてきたことは周知のとおりである[11]。こうした動向を背景に、バイデン政権の主導により2022年5月に立ち上げられたのが、「繁栄のためのインド太平洋経済枠組み(Indo-Pacific Economic Framework for Prosperity: 以下、IPEF)」である。

IPEFは当初、アメリカを含む13か国(オーストラリア、ブルネイ、インド、インドネシア、日本、韓国、マレーシア、ニュージーランド、フィリピン、シンガポール、タイ、ベトナム)で立ち上げられ[12]、その後フィジーが加わり[13]、現在は14か国が参加する枠組みとなっている。そのほかにもカナダが参加を検討中であるとされる[14]。

IPEFは、2022年9月開催の閣僚会合(アメリカ・ロサンゼルス)にて正式に交渉開始が宣言されたばかりであり、今後の見通しや成果はいまだ不明瞭であるが、その制度設計の大枠は、「21世紀の経済的課題に対処するための21世紀の経済的取極め(economic arrangement)[15]」として、種々の点で従来型の通商条約とは異なる特徴を持っている(詳細は後述)。たとえば、IPEFの扱うテーマは4つの柱(pillar)で構成され、第1の柱が「貿易」、第2の柱が「サプライチェーン」、第3の柱が「クリーンな経済(環境)」、第4の柱が「公正な経済」となっており、既存の通商条約では扱われることのない今日的な課題に対応すべく、広範なテーマ設定となっている(表2-2を参照)。他方でIPEF参加国は、これら4つの柱のすべてに参加する義務はなく、いずれに参加するかを自由に決定できるとされている[16]。こうした参加の柔軟性・開放性(裏を返せば、参加国間におけるルールの一体性についての妥協)は、アメリカとのあいだでルール水準の高いFTAを締結するに至っていないインドやインドネシア、タイなどの新興国を、IPEFの枠内に引き込むうえでは有用であり、その意味でIPEFの大きな特徴と言える[17]。また、4つの柱のいずれにも市場アクセスの改善(自由化等)が含まれていないことも、従来型の通商条約とは大きく異なる点である。なお、交渉成果としての合意文書の形式については、現在のところ行政協定が想定されているようであり[18]、そうであれば国際法上の条約として法的拘束力を持つことになる。

2022年9月の閣僚会合では、上記4つの柱につき交渉開始に合意できるか、各柱の交渉対象事項に何が含まれるか、各柱の交渉にどの国が参加するかが注目されたが、結果的には4つの柱すべてにつき交渉開始が合意された。また、「サプライチェーン」、「クリーン経済」、「公正な経済」の3つの柱については全14か国の交渉参加が合意されたが[19]、「貿易」の柱に関して

表2-2　IPEFの4つの柱

	交渉事項
第1の柱 「貿易」	労働、環境、デジタル経済、農業、透明性・良き規制慣行、競争政策、貿易円滑化、包摂性、技術支援・経済協力
第2の柱 「サプライチェーン」	重要分野と物品の基準策定、重要分野と物品の強靭性・投資の増加、情報共有・危機対応の制度構築、物流管理の強化、労働者の役割強化、透明性の向上
第3の柱 「クリーン経済」	エネルギー安全保障・エネルギー移行、優先部門の温室効果ガス排出削減、持続可能な土地・水・海洋、温室効果ガス除去のための技術、クリーン経済への移行を可能にするインセンティブ
第4の柱 「公正な経済」	腐敗防止、税制、能力構築・技術革新、協力・包摂的連携・透明性

出典：筆者作成。

のみインドが交渉参加を見送り、13か国での交渉開始となった[20]。上述した参加の柔軟性・開放性の観点からすると、こうした事態は想定内とも考えられるが、いずれにせよ4つの柱すべてにつき交渉が開始されたことにより、今後は合意内容とその水準に焦点が移ったと言える。

◆TTCおよびIPEFの共通性

以上のように、一方でTTCは環大西洋を舞台とした米EU間の新たな政策調整フォーラムであり、他方でIPEFはインド太平洋を舞台とした新たな経済取極めの構想であるが、双方の対象とする事項を比較すると、表2-3に示されるとおり、両枠組みには相当程度の重複が存在する。

こうしたテーマの重複は、TTCおよびIPEFが、それぞれ対象とする地域は異なれど、基本的には同一の理念・目的に根ざしたものであることを示している[21]。したがって、TTCおよびIPEFに通底する特質を考察することは、経済安全保障等の今日的な課題に対応すべく国際協力ないし国際ルールの在り方がどのような方向で変化しつつあるかを把握するうえでも有用であると考えられる。

表2-3 TTCとIPEFの重複

TTC	IPEF
第1作業部会： 技術標準 第4作業部会： 情報通信セキュリティ・競争性 第5作業部会： データガバナンス・ 技術プラットフォーム 第9作業部会： 中小企業のデジタル化促進	第1の柱「貿易」： 労働、環境、デジタル経済、農業、透明性・良き規制慣行、競争政策、貿易円滑化、包摂性、技術支援・経済協力
第3作業部会： 安全なサプライチェーン	第2の柱「サプライチェーン」： 重要分野と物品の基準策定・強靭化・投資増加、情報共有・危機対応の制度構築、物流管理強化 etc.
第2作業部会： 気候およびクリーン技術	第3の柱「クリーン経済」： エネルギー安全保障、温室効果ガス排出削減・除去技術、持続可能な土地・水・海洋、クリーン経済移行 etc.
相当するものなし	第4の柱「公正な経済」： 腐敗防止、税制、能力構築・技術革新、透明性 etc.
第6作業部会： 安全保障・ 人権を脅かす技術濫用	相当するものなし
第7作業部会：輸出管理	相当するものなし
第8作業部会：投資審査	相当するものなし
第10作業部会： グローバルな通商課題	相当するものなし

出典：筆者作成。

3▸ TTCおよびIPEF構想の特質

◆国際経済協力を支える理念的基盤の変化

TTCおよびIPEFを貫く特質としてまず重要と思われるのは、双方の枠組みを支える理念的基盤が従来の通商条約等とは大きく異なっているという点である。伝統的に通商条約は、功利主義にもとづく経済的自由主義の思潮を背景に、「より自由な貿易（freer trade）」を実現すべく諸国のあいだで締結・推進されてきた。むろん、人権や環境といった非経済的価値の台頭が、自由市場の理念に修正を迫ってきた経緯はあるものの、しかし今日に至るまで、自由主義がその枢要な価値理念として措定されてきたことに異論はなく、それに応じて自由化も同分野の中心的な規律原理としての位置を占め続けてきた[22]。

しかしながら、冒頭で示したような昨今の相次ぐ経済安全保障上の課題に直面したことにより、とりわけ西側諸国のあいだでこうした理念的基盤に動揺が生じていることが、TTCおよびIPEFを通じて見て取ることができる。すなわち、両枠組みにおいてはサプライチェーンの強靭化やデータガバナンス、技術標準等が中心課題と化している一方、市場アクセスの改善といった自由化を目的とする課題が抜け落ちている。こうした点には、経済合理性に立脚した純粋に自由な経済活動が、時として国家の脅威や脆弱性の温床にもなりえ、それゆえに、国家が市場に一定程度介入し経済活動の在り方を管理しなければならないとする、従来とは大きく異なる認識が現れているのである。上記の項目に加えて輸出管理や投資審査をも含むTTCに至っては、こうした傾向が一層顕著であるとも言える。

実際、たとえばジャネット・イェレン（Janet Yellen）米財務長官は、昨今の世界情勢の変化によって、経済効率性はもはや国際的な経済協力を下支えする理由ではなくなっており、ブレトンウッズ体制が主導した新自由主義秩序についても再考が求められているとし、その代替案として「自由だが安全な（free but secure）貿易」の必要性を提唱している[23]。また、IPEFに参加する韓国の安徳根貿易大臣も、諸国が今求めているのは自由化というよりも、既存の通商条約では対処し得ない今日的課題を扱うための新たなパラダイムであるとして、IPEF構想を新しい秩序のモデルと評している[24]。さらに、ヴァルディス・ドンブロウスキス（Valdis Dombrovskis）欧州委員（貿易担当）も、EUの通商交渉に関する全般的方針として同趣旨の説明を行っている[25]。

◆価値の共有を前提としたエコシステムの構築へ

「自由だが安全な貿易」を実現するための方策として、TTCおよびIPEFが揃って重視するのが、いわゆる「フレンド・ショアリング（friend-shoring）」

である。これは、重要物資等について、地政学的な競争相手国（中国やロシア等）への依存度を低下させつつ、価値を共有する同志国（like-minded countries）とのあいだで安全かつ信頼しうるサプライチェーン構築を目指すもので[26]、TTCの第3作業部会やIPEFの第2の柱において重要な位置を占める課題である[27]。そのほかにも、技術の標準化や輸出管理・投資審査に関する協力、規制の調和等の課題が、同じくフレンド・ショアリングの発想に根ざしたものとされる[28]。

ここで安全性・信頼性を担保する役割を果たすのが、言うまでもなく一定の価値（自由・人権・民主主義・法の支配など）の共有であり、こうした価値を共有しうる国家間において優先的に経済関係を深化させることが、TTCやIPEFの前提となっている[29]。その結果、TTCまたはIPEF参加国内である種の「エコシステム」が構築されることになり[30]、エコシステム内でサプライチェーン構築、技術の標準化、規制の調和が進めば進むほど、システム内部の経済活動は促進され、翻ってシステム外部との経済活動を行うインセンティブが低下しうる。

このようにTTCやIPEFの構想は、安全性・信頼性を担保すべく、価値の共有を前提とした経済的エコシステムの構築に主眼を置くものと言え、かかるアプローチは、TTCやIPEFのサブテクストが上記の諸価値を脅かす権威主義国（とくに中国）への対抗であることに鑑みると、合理的ではある。しかしながら、その行き過ぎが経済のブロック化を生み出すおそれを孕んでいることや[31]、とりわけIPEFに関しては価値を重視しすぎることが却ってASEAN諸国等の参加を阻害しかねないことには注意を要する。

◆ルール形態・内容の変化

上述のような理念的基盤の変化に根ざした国際経済協力は、そのためのルールの形態や内容にも影響を及ぼしうると考えられる。

WTOやFTAなどの通商条約は、市場アクセス（自由化）を含む広範な事項につき国家間の権利義務関係をきわめて詳細に規定するとともに、そうした実体ルールに即して設計された履行確保制度（紛争処理制度）を備える点にその特徴がある。しかしながらTTCやIPEFは、現時点では形成途上の枠組みであるとはいえ、その構想からすると従来の通商条約とは種々の点で異なる特徴を持つことになるのではないかと推測される。

この点でまず注目されるのは、TTCおよびIPEFにおいては、既述のとおり市場アクセスが一切扱われていない一方で、サプライチェーン強靭化や技術標準、規制の調和といった、国家間の不断の対話・政策調整を要する課題が中心となっている点である。その帰結として、静態的な実体的権利義務関係を設定するよりも、対話・協力・政策調整のための手続・仕組みの構築に重心が移動することになると考えられる[32]。

現にTTCは、現在のところ条約の形式すらとっておらず、柔軟かつ臨機応変な対応を可能とする不定形な政策協調メカニズムとして機能することをその本旨としている。IPEFについては4つの柱ごとに分けて考える必要があるものの、既述のとおり行政協定（executive agreement）方式による締結が模索されており、したがって法的拘束力を持つ条約に該当することになるが、とはいえTTCと重複する課題に関しては、形成されるルールはやはり政策協調を円滑に実施するための手続的な規範が中心になるのでないかと予想される。

履行確保制度に関しても、TTCやIPEFは従来の通商条約とは大きく異なっている。まずTTCは、そもそも条約ではなく実体的な権利義務関係の設定もないため、履行確保制度自体が存在しない。またIPEFに関しては、複数の参加国の発信するところによると、通商条約の典型である争訟型の紛争処理制度の設置ではなく、インセンティブ・ベースの新たな遵守確保メカニズムを設けることが現在模索されているという[33]。これはたとえば、ルールの不遵守国をIPEF内のサプライチェーンから除外するといったサンクションを用意し、かかるサンクションの可能性をインセンティブとして活用することで各参加国に遵守を促すようなものが想定されているとされる[34]。こうしたユニークなメカニズムの詳細や、いずれの柱に採用されるのかといった点は今後具体化されてゆくと思われるが、いずれにせよ、実体ルールの変化に即して従来とは異なる履行確保制度が模索されているという事実がここでは注目される。

以上がTTCおよびIPEFに共通するルールの形態・内容であるが、とりわけIPEF構想に関しては、上述した諸要素につきいくつかの疑問が呈されている[35]。第1に、市場アクセスの不存在に対する批判である。この点につき、たとえばキャサリン・タイ（Katherine Tai）米通商代表は、IPEFにおける市場アクセスの不存在が「欠陥」ではなく「特質」であるとし、国際通商における強靭性・持続可能性・包摂性といった目的を達成するためには伝統的な市場アクセスではなく新たな手法が必要になっているとして、IPEFのアプローチを擁護してきた[36]。しかしこうしたアプローチに対しては、市場アクセスの不存在が、とくにASEAN諸国からみるとIPEFの魅力を低減するものであり、結果的にアメリカ等が望むサプライチェーンのシフト（中国依存の低減）を十分引き起こせないとする批判もある[37]。この点、市場アクセスを扱わないとするIPEFの制度設計は、上述した理念的基盤の変化にその根拠を見いだせる一方、トランプ政権以来の労働者層による根強い通商条約批判という、アメリカ国内政治の現実から強いられた選択という側面もあるため[38]、方針転換には高いハードルがあることも事実である。

第2の疑問は、履行確保制度の在り方に関するものである。たとえばサイモン・レスター（Simon Lester）は、国内措置の規律が中心となるIPEFにあっては、具体的事案のルール整合性を判断することが容易でないところ、各国の主観的評価に委ねられるインセンティブ・ベースの遵守確保メカニズムでは、想定されるような機能が必ずしも発揮されるとは限らず、義務の遵守確保もそれほど徹底されないのではないか、という疑問を提示している[39]。また、アメリカの産業界からは、実効的な紛争処理制度の有無がIPEFの成否を左右するとして、WTOやUSMCAのように客観的な判断を行う争訟型の紛争処理制度の設置が提言されている[40]。

IPEF交渉はまだ端緒についたばかりであり、以上のような疑問・批判の声を受けて、軌道修正が図られる可能性は当然あるだろう。

4▸ 既存の秩序の変容か

中国の台頭、COVID-19パンデミック、ロシアによるウクライナ侵攻といった、経済安全保障上の懸念をもたらしうる課題に立て続けに直面した先進諸国は、こうした諸課題にWTOをはじめとする既存の通商秩序が十分対処できない現実を認識し、TTCやIPEFといった新たな経済枠組み構想の実現に着手し始めた。

本章では、以上のTTCおよびIPEFを検討素材とし、既存の秩序の動揺と変容の方途について若干の考察を行った。これら2つの構想はまさに現在進行中のものであり、今後何らかの軌道修正が図られる可能性はむろん否定できない。とはいえ、両枠組みを貫く特質の分析は、既存の秩序がいかなる方向で変容しつつあるのかについて、一定の示唆を提供するように思われる。

すなわち、TTCやIPEFを下支えする理念的基盤は、自由市場を至上命題とする従来の通商条約等とは異なり、国家による市場への介入を前提とした[41]「自由だが安全な貿易」に変容していること、そしてかような理念的基盤のもと、価値共有国間での経済的エコシステムの構築が目指され、そのための政策調整フォーラムないしルール整備が進行しつつあることが考察を通じて明らかになった。このように、秩序の基層部分に生じた変容が、表層に位置する具体的ルール等にも影響を与えつつある様が、TTCやIPEFの実践を通じて理解されるのである。

むろん、こうした新たな構想がWTOを中心とした既存の法体系に代替するわけではなく、前者が後者を補完しつつ、全体として機能してゆくことになると思われるが、両者の法的関係性は、今後構想が具体化するにつれて問題となるだろう。また、TTCやIPEF等の動きのみから将来の通商秩序が形成されるわけではなく、これらの動向のサブテクストをなす中国が、今後TTCやIPEFにいかに対峙してゆくのかも重要となる。こうした角逐を通じて導き出されるであろう均衡点に、新たな通商秩序の姿がある。

註

1 ——E.g., Michael J. Trebilcock, *Navigating the Free Trade – Fair Trade Fault-Lines* (Gloucestershire: Edward Elgar, 2021), pp. 1-14.

2 ——詳細は、平見健太「国際通商法における相互主義の位相——法秩序の特質とその淵源について」『国際法外交雑誌』第119巻第1号（2020年5月）121-122頁。

3 ——この点につきたとえば、平見健太「強制技術移転と国際法——経済の安全保障化時代における国際社会の課題」柳原正治ほか編『国際法秩序とグローバル経済——間宮勇先生追悼』（信山社、2021年）115-133頁。

4 ——主要国間でWTO改革に関する原則的な合意自体が存在することは、2022年のG20バリ首脳宣言からも窺うことができる。詳細は、"G20 Bali Leaders' Declaration," Bali, Indonesia, 15-16 November 2022, para. 36.

5 ——European Commission, "EU-US Launch Trade and Technology Council to Lead Values-based Global Digital Transformation," 15 June 2021.

6 ——第1回閣僚会合における合意事項は、いわゆる「ピッツバーグ声明」として公表されている。"EU-US Trade and Technology Council Inaugural Joint Statement," Pittsburgh, Pennsylvania, September 29, 2021.

7 ——第2回閣僚会合の成果を示した共同声明として、"EU-U.S. Joint Statement of the Trade and Technology Council," Paris-Saclay, France, 16 May 2022.

8 ——TTCの活動に対する米欧産業界の評価を分析したものとして、前田篤穂「米欧主導の国際ルール形成に向けた新プラットフォーム——米国・EU貿易技術評議会（TTC）の政策的示唆」中曽根平和研究所（2022年6月10日）10-13頁。

9 ——"EU-U.S. Joint Statement of the Trade and Technology Council," Paris-Saclay, France, 16 May 2022, para. 19-ii.

10——Ibid., paras. 15 and 19-iv.

See, Clete Willems & Niels Graham, "TTC, IPEF, and the Road to an Indo-Pacific Trade Deal: A New Model," Atlantic Council Geoeconomics Center, September 27, 2022, p. 8; William Reinsch & Emily Benson, "Assessing Progress within the TTC," Center for Strategic and International Studies, May 18, 2022.

11——菅原淳一「米国のインド太平洋経済戦略」『みずほインサイト』（2022年5月31日）1頁。

12——外務省「インド太平洋経済枠組み（IPEF）の立ち上げに関する首脳級会合」2022年5月23日。

13——White House, "Statement by National Security Advisor Jake Sullivan on Fiji Joining the Indo-Pacific Economic Framework for Prosperity," May 26, 2022.

14——"Canada Will Vie to Join IPEF," *Inside U.S. Trade*, October 27, 2022.

15——White House, "On-the-Record Press Call on the Launch of the Indo-Pacific Economic Framework," May 23, 2022.

16——E.g., Congressional Research Service, "Biden Administration Plans for an Indo-Pacific Economic Framework," *CRS Insight*, February 25, 2022, p. 1.

17——こうした参加の柔軟性・開放性の背景には、より多くのASEAN諸国の参加を確保するために日本政府が米国政府に助言を行ったとする報道がある。"Joe Biden Waters Down Indo-Pacific Economic Framework to Win More Support," *Financial Times*, May 20, 2022.

18——"Bianchi: IPEF Countries Supportive of Executive Agreement Format," *Inside U.S. Trade*, September 9, 2022.

19——"Ministerial Statement for Pillar II of the Indo-Pacific Economic Framework for Prosperity," U. S. Department of Commerce, September 9, 2022, p. 1; "Ministerial Statement for Pillar III of the Indo-Pacific Economic Framework for Prosperity," U. S. Department of Commerce, September 9, 2022, p. 1; "Ministerial Statement for Pillar IV of the Indo-Pacific Economic Framework for Prosperity," U. S. Department of Commerce, September 9, 2022, p. 1.

20——"Ministerial Text for Pillar I of the Indo-Pacific Economic Framework for Prosperity," U. S. Department of Commerce, September 9, 2022, p. 1.

21——See, Willems & Graham, "TTC, IPEF, and the Road to an Indo-Pacific Trade Deal: A New Model," p. 11.

22——詳細は、平見「国際通商法における相互主義の位相——法秩序の特質とその淵源について」121-122頁。

23——U.S. Department of the Treasury, "Remarks by Secretary of the Treasury Janet L. Yellen on Way Forward for the Global Economy," April 13, 2022.

24——"Korean Minister: IPEF Represents the New Trade Paradigm," *Inside U.S. Trade*, September 14, 2022.

25——"EU Must 'Accelerate' Trade Deals to Address Geopolitical Challenges, Dombrovskis Says," *MLex*, June 3, 2022.

26——U.S. Department of the Treasury, "Remarks by Secretary of the Treasury Janet L. Yellen on Way Forward for the Global Economy,"; 菅原「米国のインド太平洋経済戦略」5頁。

27——White House, *Executive Order on America's Supply Chains: A Year of Action and Progress*, February 24, 2022, p. 7.

28——Willems & Graham, "TTC, IPEF, and the Road to an Indo-Pacific Trade Deal: A New Model," p. 18.

29——E.g., "EU-US Trade and Technology Council Inaugural Joint Statement," September 29, 2021; "Transcript: US Treasury Secretary Janet Yellen on the Next Steps for Russia Sanctions and 'Friend-shoring' Supply Chains," Atlantic Council, April 13, 2022. See also, USTR, "Remarks by Ambassador Katherine Tai at Transatlantic Innovation Week," April 26, 2022.

30——TTCやIPEF等の友好国間の経済ブロック形成を「エコシステムの構築」と表現するものとして、Stephan Olson, "Forget about Free Trade Agreements," Hinrich Foundation, 23 August 2022. また、バイデン大統領も2022年9月の国連総会演説にて、IPEFを「新たな経済的エコシステム」の鍵をなすものと評している。White House, "Remarks by President Biden before the 77th Session of the United Nations General Assembly," September 21, 2022.

31――経済ブロック化への懸念を示すものとして、日本経済団体連合会「自由で開かれた国際経済秩序の再構築に向けて――貿易投資分野における日本の役割と戦略」2022年9月13日、1頁。

32――Olson, "Forget about Free Trade Agreements,".

33――"IPEF Members Eye Incentive-based, Self-enforcing Commitments," *Inside U.S. Trade*, September 13, 2022.

34――Ibid.

35――本稿では詳しく立ち入らないが、TTCに対しても課題が指摘されている。そうした課題のうち重要と思われるものを紹介すると、米国とEUではおよそ規制(regulation)に対するアプローチが根本的に異なっており、こうした姿勢の差異がTTCにおける政策調整を阻害するおそれがある、というものである。詳細は、Reinsch & Benson, "Assessing Progress within the TTC,".

36――"Tai: IPEF's Lack of Market-access Focus a 'Feature, not a Bug'," *Inside U.S. Trade*, October 11, 2022.

37――E.g., Willems & Graham, "TTC, IPEF, and the Road to an Indo-Pacific Trade Deal: A New Model," pp. 18-19; Alliance for Trade Enforcement, "Modelling Enforcement Mechanisms for the Indo-Pacific Economic Framework," October 14, 2022, pp. 2-3.

38――Willems & Graham, "TTC, IPEF, and the Road to an Indo-Pacific Trade Deal: A New Model," p. 7.

39――Simon Lester, "Enforcing the IPEF: Unilateralism and Incentives vs. Adjudication," International Economic Law and Policy Blog, September 19, 2022.

40――Alliance for Trade Enforcement, "Modelling Enforcement Mechanisms for the Indo-Pacific Economic Framework," pp. 3-8.

41――今日における国家と市場の距離変化を指摘したものとして、平見「強制技術移転と国際法――経済の安全保障化時代における国際社会の課題」117頁。

(脱稿:2022年11月30日)

第3章

保健・衛生をめぐる国際法の変容
——感染症対応における国際保健規則上の世界保健機関の役割を素材に

佐俣紀仁 SAMATA Norihito

1▸ 緊急事態対応におけるWHOの役割

本稿の目的は、感染症対応において世界保健機関(WHO)が果たす役割に注目して、保健や衛生分野を規律する国際法の変容の一端を検討することである。

保健衛生に関わる国際組織であるWHOが、具体的に、どこまで、何をなすべきかは加盟国の間で論争的な主題であり続けてきた[1]。だが、感染症対応を規律する「国際保健規則(International Health Regulations, IHR)は、2005年の改正を機に(以下、2005年改正後のものをIHR2005と記す)、WHOに重要な役割を与えた。すなわち、健康上のリスクに関わる情報を、グローバルなネットワークを通じて共有し、かつ、状況の危険度に応じて「国際的に懸念される公衆衛生上の緊急事態(PHEIC)」を宣言し、その後国際社会がとるべき望ましい感染症対策を方向付ける役割である。

今日、IHR2005で想定された感染症対応は、さまざまな批判に直面している。1つのきっかけはCOVID-19であった。しかし、本稿で見る通り、COVID-19以前からも、IHR2005が構想した秩序は、部分的な修正を迫られてきたように思われる。

本稿は、IHR2005上のWHOの法的権限や役割を取り上げ、それらがいかなる批判にさらされてきたのかを検討する。この作業を通じて、保健衛生に関する国際法秩序をめぐる了解とその変化の一端を探りたい。以下では、IHR2005が、世界的な感染症の流行といった危機に対応するために、WHOのリーダーシップを明文で制度化した背景を確認する。その後、今日までにIHR2005が定める枠組がいかに機能したのか、あるいはしなかったのかという問題を、①PHEICの認定、②WHOと他の機関（特に国際組織）との調整や相互補完、という2つの観点に絞って論じ、本稿の検討をまとめる。

2▸ WHOの役割——WHO憲章、IHR2005の観点から

◆WHO憲章上の法的権限

1948年4月に発効したWHO憲章の1条は、WHOの目的が「全ての人民が可能な最高の健康水準に到達する」ことにあるとする。ここでの「健康」は、「完全な肉体的、精神的及び社会的福祉の状態であり、単に疾病又は病弱の存在しないことではない」（前文）。また、同2条も、WHOの任務に「(a) 国際保健事業の指導的且つ調整的機関」たる役割に加え、「(g) 伝染病、風土病及び他の疾病の撲滅事業」や「(1) 母子の健康と福祉を増進し、変化する全般的環境の中で調和して生活する能力を育成すること」等を明記する。つまり、少なくともWHO憲章上は、WHOが取り扱う「健康」には、加盟国国内の衛生環境や人権保障といった、国家の社会、経済、法制度そのものに関わる広い事項が含まれうる[2]。

しかし、こうした広義の「健康」を達成するために、WHOが、具体的にいかなる法的権限を有し、どのような政策を採用するかという問題は、WHO設立の準備段階から今日まで論争を呼び続けている[3]。加盟国の間で政治的な対立を生じてきた問題として、例えばいわゆるプライマリーヘルスケアの位置づけや、リプロダクティブ・ライツ等がある[4]。

こうした論争の中でも、WHOが特定の感染症について諸国の保健上の措置を調和させるための規則を制定すること[5]は、加盟国間で比較的異論が少なく受け入れられてきた。WHOは「国際衛生規則（International Sanitary

Regulations, ISR)」を、設立間もない1951年に採択している。この国際衛生規則は、1969年に「国際保健規則(International Health Regulations, IHR)」と名称を変更し、後述するように数度の改正を経て今日に至る。

これらの規則の法的根拠はWHO憲章21条である[6]。同条は、保健総会での過半数の賛成によってWHOが規則を制定しうることを定める。こうして制定された規則はWHOの「全加盟国に対して効力を生ずる」[7]。加盟国がこの規則の適用を免れるためには、自身が当該規則に拘束されないこと、あるいは留保を付すこと、を一定期間内にWHO事務局長に通告する必要がある(「コントラクティング・アウト」(contracting out)方式)。

◆国際衛生規則から2005年の国際保健規則へ

ISRは、戦前、戦中の国際衛生条約の特徴[8]を受け継ぎ、さらに、他の関連する複数の感染症関連の条約を改定、統合する形で制定された[9]。ISRを引き継いだ1969年のIHRは、国際的に大きな影響を及ぼす感染症の発生時、WHO加盟国がWHOに対して通報し、情報を共有する義務を課すという枠組を作り、そして、国家がとりうる措置の上限を定めることで、感染症対策と国際交通・防疫の両立を図ろうとしている。その後、1973年、1981年の改正により、IHRはいわゆる三大疾病(コレラ、チフス、黄熱病)に関する情報に報告対象を限定した。

しかし、1990年代以降の新型インフルエンザ(H5N1)やSARSといった新規の感染症の流行、さらに、同時多発テロ等をきっかけに、特定の疾病に射程を限定していたIHRの改正に向けた機運が高まっていく[10]。冷戦終結後、国際的な感染症対策が経済、安全保障等とも重なる分野複合的な、かつグローバルな問題へと変化していったこと[11]に伴い、感染症対策のためのIHRにも変革が求められたのである。

特に、感染症対応におけるWHOのリーダーシップの積極的な意義を印象づけたのがSARSの経験であった。2003年に中国国内で最初の患者が確認されたSARSへの対応において、当時のグロ・ハーレム・ブルントラント(Gro Harlem Brundtland)WHO事務局長は、その時点で未知であったこの疾病について、中国に情報開示を強く求め、また中国、カナダ等への渡航延期勧告を発出した。これらの措置は、WHOが主体的に情報収集を行い、早期の対応をとったという点で、一定の成果とみなされた[12]。

しかし、同時に、当時のIHRがSARSに関する情報の報告義務を国家に課していなかったために、WHOの対応は権限踰越であるとの厳しい批判を招く[13]。さらに、事務局長を筆頭とするWHO事務局が活発に感染症対応を主導することは、加盟国に危機感を抱かせることにもなった[14]。諸国は、保健衛生上の重大リスクの発生地であるとWHOから名指しされることで、自国の経済、社会に悪影響が及ぶことを警戒したためである[15]。

このようにSARSにおいてWHOが見せた緊急事態への対応は、WHOと加盟国の間に緊張を生じさせるものでもあった。それゆえに、IHRの改正では、緊急事態に対するWHOの役割を明確化することが求められたのである。

◆IHR2005の概要

2005年、第58回世界保健総会はIHR改正案を採択し、IHR2005が誕生した。2007年に発効したIHR2005は、「国際交通及び取引に対する不要な阻害を回避し」疾病の国際的拡大を防止することを目的とする[16]。感染症対策と国際交通・貿易の両立を目指す点で、この規則は感染症対策における従来のIHRの基本的な発想を引き継いだ[17]。

さらに、感染症対策におけるWHOの権限の拡大、明確化[18]という意味では、IHR2005は一つの転換点となった。以下ではIHR2005の主要な特徴を、WHOの役割に注目して挙げる[19]。

まず、IHR2005は、「原因を問わず、国際的な公衆衛生上の脅威となりうるあらゆる事象」を規律の対象とし(「オールハザードアプローチ」)、WHOに一定の措置をとる権限を与えた。これは、後に見る保健衛生と、安全保障レジーム等との交錯を生じさせることとなった[20]。また、IHR2005は「人間の尊厳、人権及び基本的自由を完全に尊重して」その規則を実施すること、さらに「疾病の国際的拡大から世界のすべての人々を保護する」という目標を尊重することをも求めている[21]。

また、IHR2005は従前のIHRに定められていた情報共有の仕組を、WHOの中心的な役割を明確に記した上で、「サーベイランス」として再構築した。ここでの「サーベイランス」は「公衆衛生を目的とするデータの体系的継続的収集や分析を行い、必要な場合にアセスメントや公衆衛生対策のために公衆衛生上の情報を適宜伝達すること」と定義される[22]。このためにIHR2005は、加盟国が事象を検知・アセスメント・通報・報告する能力を構築することを重視する[23]。また、各加盟国の国内にIHR担当窓口（National IHR Focal Point）を設置して、WHOとの連絡体制を整備することが義務付けられている[24]。加盟国は、自国領域内で発生した事象についてアセスメントを行い、「国際的に懸念される公衆衛生上の緊急事態（PHEIC）」を構成しうる「おそれ」のある事象および実施される保健上の措置を、アセスメントから24時間以内にWHOに通報する[25]。さらに、IHR2005では、加盟国以外の主体、つまり非国家主体から得られる情報をサーベイランス構築において活用しうることを定めた[26]。つまり、IHR2005が定めるサーベイランスとは、国際的な公衆衛生上の脅威となりうるあらゆる事象についてWHOをハブとするグローバルな情報ネットワークを形成するものである[27]。

WHOは、複数の経路から共有される情報に基づき、①PHEICを認定し、②当該事態に際して、被害国や他の加盟国が実施すべき保健措置に関する暫定的な勧告、恒常的な勧告を発出する等の権限を有する[28]。ここでの、PHEICとは、①疾病の国際的拡大により他国へ公衆衛生リスクをもたらし、②国際的対策の調和が潜在的に必要であると認められる、③異常な事象（extraordinary event）を意味する[29]。

◆WHOに与えられた役割の特徴

こうして、IHR2005は、感染症対応に関する国家の恣意的な判断を防止し、国際社会全体として判断・対応するための一連の過程を主導する役割、特に、サーベイランスにおける情報センターとしての役割をWHOに与えた[30]。その役割を果たすために、WHOは、加盟国あるいは非国家主体から共有される情報に基づき、PHEICを認定し、宣言することができる[31]。

WHOから発出されるPHEICとその後の暫定的勧告は、WHOの専門機関としての権威性によって、諸国の行動を緩やかに方向付けることが想定されている[32]。PHEICと暫定的勧告も、国家に追加的な義務を生じさせるものではない[33]。IHR2005の下で構築された「グローバル保健ガバナンス」[34]の下でWHOに想定されているのは、感染症等の危機に対して、枠組を設定し、取られるべき望ましい措置の方向性を勧告し、そして、関連アクターの行動を調整、誘導することにある[35]。

さらに注目されるのは、IHR2005が、PHEICを宣言し、暫定措置を発する権限をWHO事務局長に与えている点である[36]。事務局長は、PHEICを認定する際には、自身で予備的決定を行った後、発生国との協議を経て、「緊急委員会」に付託して意見を求めなければならない[37]。このような手続的な制約はあるものの、国際組織内部の一個人に、PHEICという重大な政治的判断は委ねられている[38]。この制度は、SARS等の緊急事態対応におけるWHO事務局の実行を明文化した、という側面も持つ[39]。

3▸ IHR2005の運用——PHEIC認定事例を中心に

次に、IHR2005の運用に目を向けて、緊急事態におけるWHOの権限を定めた規範が、今日までにどのような変化を迫られているのかを考えることにしたい。このために、PHEICが認定された事例を取り上げる。以下では、WHOを中心とした緊急事態対応について明らかになった課題として、2点、①PHEICの認定をめぐる問題、②WHOがリーダーシップを果たす上での他の国際組織との相互補完、を検討する。この意味で、以下のPHEIC認定の事例の分析は網羅的なものではない[40]。

◆PHEIC認定事例の概要と認定をめぐる問題

WHOによるPHEICの宣言には、それが適切なタイミングでなされていない、という批判がついて回る[41]。初めてPHEICが認定された2009年の

H1N1は、世界的な感染拡大へと至らなかったこともあり、WHO事務局長の判断は尚早であったという批判がなされた[42]。しかし、その後の西アフリカのエボラ出血熱については、2014年の3月にはすでにギニアから通告を受けていたにもかかわらず、同年8月8日までPHEIC認定がなされなかったことが問題視された[43]。COVID-19についても、2020年1月末までPHEICを認定しなかったWHO事務局長の判断を「遅れ」とみなす批判も根強い[44]。

IHR2005が想定する感染症対応の枠組では、WHOという国際組織が、加盟国から独立した観点から緊急事態対応の方向づけを行うことが期待されている[45]。このためにあるのが、事務局長という個人に与えられたPHEICの認定権限であった。

しかし、WHO事務局長のこうした権限行使は、実際には関係諸国の意向を無視してなされるとは考え難い[46]。PHEICの宣言が追加的な法的義務を課さなくとも、その宣言の政治的、経済的、社会的な影響力は大きく、加盟国との間では緊張を生むためである。

そもそも感染症対応に必要な現地の情報の多くは、そこに領域主権を有する国家の管理の下にある。領域国の意向を無視してWHOがPHEICを認定することで、当該国の敵対的な姿勢を招くことになれば、現地の情報が効率的に収集できずに、感染症対応が妨げられるという事態すら想定される[47]。つまり、WHO事務局長は制度上PHEICを一方的に認定できるとしても、その後とりうる感染症対応の具体的な措置の多くは、基本的に国家からの協力に依存する。それ故に、WHOがPHEICの対象となる国家とある程度の友好的あるいは協力的な関係を維持することは、WHOにとって生命線となる。なお、COVID-19に関するWHO内の検証では、IHRが定める情報提供義務自体の履行確保の仕組を導入する提案がなされており、今後の展開が注目される[48]。

さらに、緊急事態において、WHO事務局長が科学的な知見、特に専門家のコンセンサスを重視してきたことが対応の遅れをもたらした可能性がある。PHEIC認定に際して事務局長が助言を求める緊急委員会には、WHO

の事務局長を専門的観点から補佐し、また、同時に事務局長の政治的判断に一定の歯止めをかける役割が期待されている[49]。COVID-19までの全てのPHEIC認定事例では、事務局長は、緊急委員会でコンセンサスが成立するのを待ってPHEICを発出してきた[50]。COVID-19でも、2020年1月22-23日の緊急委員会でPHEICの条件を満たすかどうかでコンセンサスが成立せず、結局その宣言は、1月30日、改めて緊急委員会の見解が一致するまでにずれ込んだ。

緊急委員会のコンセンサス形成を遅らせた要因として、特にCOVID-19では、感染症等に関する情報の精度や、科学的な不確定性にも課題があることが指摘された[51]。COVID-19後の検証プロジェクトでは、緊急委員会の中に見解の対立がある場合でも、その対立と背景を適時的に明らかにすること[52]、一定の不確実性が残る事態であっても、状況に応じた注意喚起を行うことができるよう、緊急事態概念自体を細分化[53]することや、IHR2005の範囲内で予防原則（precautionary principle）を適用して対応をとること[54]等が提案されている。この意味で、IHR2005が想定した枠組を、新規の感染症に関する科学的知見の不足や状況の変化に対応させるために、緩和あるいは柔軟化させようという動きが見られる。

なお、2022年のサル痘へのPHEIC宣言では、緊急委員会のコンセンサスがない状態で事務局長がPHEICを認定した[55]。緊急委員会の判断が割れる中で、事務局長が主体的に判断を下した初めての事例として注目に値する。

◆WHOと他の国際組織との相互補完関係

西アフリカでのエボラ出血熱とCOVID-19は、感染症の拡大が安全保障等にも関わる問題として捉えられ、WHOのPHEIC宣言に加えて、国連の総会、さらには安保理が決議を採択した[56]。特に、2014年のエボラ出血熱での国連の側の対応は、宣言対象諸国への配慮のために動きが鈍かったWHOをカバーしたと評価されることもある[57]。

だが、これらの事例で国連がWHOを補完する中で注目されるのは、WHOの中心的な役割とリーダーシップを、国連が再三明示的に確認している点である。エボラ出血熱への対応では、国連の総会も安保理もWHOの専門性を尊重し、国際社会全体における対応の中核的機関としての地位を確認した[58]。COVID-19についても同様に、国連総会決議は「WHOを中心とした」国連システムを通じて国際協力と相互支援・連帯を促進して国際社会が危機に対応することを求めた[59]。また安保理でも、当初は決議中のWHOへの言及が米中の対立を招いたが、2021年2月に採択された決議2565では、「WHOの重大な役割(crucial role)」[60]をはじめ、WHOの役割に関する言及が数多く採用された[61]。つまり、IHR2005が想定するような感染症対応におけるWHOの役割は、複数の国際組織が重畳的に対応をとる際にも大前提として尊重されている。

ただし、現状のIHR2005の下で、WHOが他の国際機関との権限の調整や、グローバルな感染症対策の調和をいかにして図れるか、課題が露呈している。IHR2005の14条は、WHOが「他の権限ある政府間組織または国際機関」と協力し調整することを定める[62]。また、WHO憲章72条も、WHOと民間の国際団体(NGO)との協力関係を規定する。しかし、エボラ出血熱[63]およびCOVID-19[64]についても、これらの条文が必ずしも有効に機能したとは考えられていない。現在WHOの下で進んでいる、パンデミック条約策定に向けた議論およびIHR改正作業の双方でも、WHOの中心的な役割を維持して、他の権限ある国際組織等と連携をはかる仕組をいかに構築するかが、重要な論点の1つになるだろう[65]。

このような「WHO側の」問題とは別に、他の国際組織、特に国連の側が、WHOとの役割分担をいかに図るかが研究者の間で注目を集めている[66]。例えば、本来は非拘束的であるはずのWHOの暫定的勧告を国連憲章の7章下の決議によって義務的性格に変質させることはいかなる条件の下で可能かといった問題である[67]。社会権規約に規定された健康に対する権利等の人権規範に、安全保障レジームと保健衛生レジームの調和を図る役割を期待する見解も示されている[68]。これらの議論は、WHOを中心に据えたIHR2005の基本的な枠組を前提にしつつ、国連システムを含む国際社会全体でそれを実効的に補完する方途を模索しようという方向性を示すものと考えられる。

4▸ WHOの役割に迫る更なる変化

IHR2005は、感染症対策という問題の変質を背景に、従前WHO事務局が発揮したリーダーシップを明文で定めて制度化した。その発効から約15年間に、IHR2005が構築したこの緊急事態対応のための法制度は、一方では、新規の感染症や科学的不確実性に対応するために、PHEIC認定に関する手続を修正し、緊急事態認定を細分化するといった変化を迫られている。他方では、国際社会が一致した感染症対応を進める上でのWHOの中心的な役割が、国連の主要機関の決議等でも確認されてきた。これらを踏まえると、IHRが想定したWHOを中心とした緊急事態対応という基本的な枠組そのものは受容され[69]、その細部が現状に対応するために発展を遂げている最中にあると言えよう。

COVID-19は、「IHRの弱点を巧妙につく形で」感染を拡大した[70]。この感染症が人々にもたらした影響の大きさのために、IHR2005やそこでのWHOの「弱点」をいかに克服するか、という問題は、今日かつてないほどに関心を集めているように思われる。本稿執筆時点ではこれらの議論は、WHOの主導の下で、新たな包括的パンデミック条約の制定と、IHR2005の改正という、2つの方向で進んでいる[71]。今後これらの法的文書が、感染症対応における法的枠組と、そこでのWHOの役割に再び変化をもたらすことは想像に難くない。

※本稿はJSPS科研費18K12646および21K01166の成果の一部を含む。

註

1 ――感染症対策等の保健衛生分野における国際組織の活動について、植木俊哉「国際組織による感染症対策に関する国際協力の新たな展開」『国際問題』no. 642(2015年6月)17-27頁参照。

2 ——WHOの目的や任務に関する規定ぶりは、「野心的」とも評される。José Alvarez, *The Impact of International Organizations on International Law* (Leiden: Brill, 2017), pp. 197-198.

3 ——安田佳代『国際政治のなかの国際保健事業——国際連盟保健機関から世界保健機関、ユニセフへ』(ミネルヴァ書房、2014年) 参照。See also, Kelley Lee, *The World Health Organization (WHO)* (London: Routledge, 2009).

4 ——西平等『グローバル・ヘルス法——理念と歴史』(名古屋大学出版会、2022年) 181-217頁参照。See also, Eyal Benvenisti, "The WHO – Destined to Fail? : Political Cooperation and the COVID-19 Pandemic," *The American Journal of International Law*, vol. 114, no. 4 (October 2020), pp. 592-594.

5 ——WHOの法定立権限について、西『グローバル・ヘルス法』154-161頁、新垣修『時を漂う感染症——国際法とグローバル・イシューの系譜』(慶應義塾大学出版会、2021年) 118-123頁。See also, David P Fidler, *International Law and Infectious Diseases* (Oxford: Oxford University Press, 1999), pp. 58-80.

6 ——最初に制定された規則は、1948年の感染症と死因に関する「命名規則」である。新垣、同上、123頁。

7 ——WHO 憲章22条。

8 ——感染症対策のために19世紀以降国際法に導入された条約の特徴について、鈴木淳一「COVID-19と世界保健機関(WHO)・国際保健規則(IHR)」『国際法研究』第10号(2022年3月) 51頁参照。

9 ——新垣『時を漂う感染症』137-149頁、西『グローバル・ヘルス法』146-148頁参照。

10 ——IHR2005改正に至る経緯とその特徴について、鈴木淳一「世界保健機関(WHO)・国際保健規則(IHR2005) の発効と課題——国際法の観点から」『獨協法学』第84号(2011年6月) 159-189頁、新垣『時を漂う感染症』203-207頁参照。

11 ——詫間は、この変化を促した要因として「人間の安全保障」概念とエイズの流行を挙げる。詫間佳代「感染症と国際協調——新型コロナウイルスへの対応には何が必要か?」『国際問題』no. 695 (2020年10月) 8-9頁。See also, Jefferey P. Koplan et al., "Towards a Common Definition of Global Health," *The Lancet*, vol. 373, no. 9679 (June 2009), pp. 1993-1995; Gian Luca Burci, "Global Health," in Jan Klabbers ed., *The Cambridge Companion to International Organizations Law* (Cambridge: Cambridge University Press, 2022), pp. 266-271.

12 ——See, e.g., Marcos Cueto, Theodore M. Brown, Elzaibeth Fee, *The World Health Organization: A History* (Cambridge: Cambridge University Press, 2019), pp. 264-266.

13 ——Christian Kreuder-Sonnen, *Emergency Powers of International Organizations* (Oxford: Oxford University Press, 2019), pp. 155-156.

14 ——Benvenisti, "The WHO," pp. 595-596.

15 ——Kreuder-Sonnen, *Emergency Powers of International Organizations*, pp. 161-162; Mary Whelan, "Negotiating the International Health Regulations," *Global Health Programme Working Paper,* no. 1 (2008), p. 9.

16 ——IHR2005第2条。

17——鈴木「COVID-19と世界保健機関（WHO）・国際保健規則（IHR）」52-54頁参照。
18——感染症対策に関するWHOの権限強化・拡大は、事務局の悲願でもあった。See, Christian Kreuder-Sonnen, *Emergency Powers of International Organizations*, pp. 161-162.
19——従来のIHRと比較したIHR2005の特徴について次の文献を参照。David P Fidler, "From International Sanitary Conventions to Global Health Security," *Chinese Journal of International Law*, vol. 4, no.2 (November 2005), pp. 325-392.
20——IHR2005の採択により、WHOの任務は部分的には安全保障を担う国連安全保障理事会等と重複するという指摘としてSee, Alvarez, *The Impact of International Organizations on International Law,* p. 214. しかしオールハザードアプローチを採用する際には加盟国から「原則として自然由来の疾病（特に感染症）を所掌するWHOの伝統的な『管轄』をある意味逸脱」するという加盟国からの批判もあった。武見綾子「国際保健規則とグローバル保健ガバナンス」城山英明編著『グローバル保健ガバナンス』（東信堂、2020年）47-56頁。
21——IHR2005第3条。また、新垣『時を漂う感染症』210-211頁参照。
22——IHR2005第1条。
23——IHR2005第5条1項、13条1項等。
24——IHR2005第4条。
25——IHR2005 第6条1項。
26——IHR2005第9条1項。かつてWHOは、各国政府からの公式情報以外のものを情報源とすることが制度上できなかった。今日、WHOが頻繁に活用しているグローバルな情報ネットワークには、「集団発生の警報と対応のためのグローバル・ネットワーク（GOARN）」やProMEDメール等がある。詳しくは、五十嵐元道「WHOによる感染症情報の生成機能と限界」『法律時報』第93巻第1号（2021年1月）66-71頁参照。
27——同上。
28——IHR2005第12条。
29——IHR2005第1条1項。See also, Lawrence Gostin et al., "Ebola in the Democratic Republic of the Congo: Time to Sound a Global Alert?" *The Lancet*, vol. 393, no. 101712 (February, 2019), pp. 617-618.
30——Armin von Bogdandy and Pedro A. Villarreal, "International Law on Pandemic Response: A First Stocktaking in Light of the Coronavirus Crisis," *MPIL Research Paper Series*, no. 2020-07 (March 2020), pp. 11-12.
31——Gian Luca Burci, "The Legal Response to Pandemics: The Strengths and Weakness of the International Health Regulations," *Journal of International Humanitarian Legal Studies*, vol. 11, no. 2 (December 2020), p. 207.
32——WHOの緊急事態対応の法的根拠をなすIHR2005そのものは、法的拘束力ある規範である。しかし、WHO憲章およびIHR2005は、IHR2005自体を強制する仕組を設けていない。
33——von Bogdandy and Villarreal, "International Law on Pandemic Response," p. 11. See also, Pedro A. Villarreal, "The World Health Organization's Governance Framework in Disease Outbreaks" in Leonie Vierck, Pedro A. Villareal and Katarina Weilert eds., *The*

Governance of Disease Outbreaks. International Health Law: Lessons from the Ebola Crisis and Beyond (Baden-Baden: Nomos, 2017), pp. 243-272. ただし、異論として、See, Roojin Habibi et al., "Do not Violate the International Health Regulations during the COVID-19 Outbreak," *The Lancet*, vol. 395, no. 10225 (February 2020), pp. 664-666.

34——武見「国際保健規則とグローバル保健ガバナンス」城山編著『グローバル保健ガバナンス』35-58頁参照。

35——Armin von Bogdandy and Pedro A Villarreal, "Critical Features of International Authority in Pandemic Response: The WHO in the COVID-19 Crisis, Human Rights and the Changing World Order," *MPIL Research Paper Series*, no. 2020-18 (May 2020), p. 6.

36——Burci, "Global Health," p. 277.

37——IHR2005第12条1項 -5項。

38——See, e.g., Fidler, "From International Sanitary Conventions to Global Health Security," p. 378.

39——Burci, "The Legal Response to Pandemics," p. 207.

40——本稿執筆時点（2022年10月）までに、IHR 2005に基づいてPHEICが宣言された事例は、2009年4月のH1N1、2014年5月のポリオ、同年8月の西アフリカのエボラ出血熱、2016年2月のジカ熱、2019年7月のコンゴでのエボラ出血熱、2020年1月のCOVID-19、そして2022年7月のサル痘の7つがある。

41——Klabbersは、この認定を担うWHO事務局長の職務を、国連事務総長と並ぶ、世界で最も困難な2つの仕事の1つ、と評する。Jan Klabbers, *Virtue in Global Governance: Judgment and Discretion* (Cambridge: Cambridge University Press, 2022), pp. 211-214.

42——von Bogdandy and Villarreal, "Critical Features of International Authority in Pandemic Response: The WHO in the COVID-19 Crisis, Human Rights and the Changing World Order," pp. 10.

43——Ibid., pp. 10-11.

44——See, e.g., Lawrence O. Gostin et al. "Has Global Health Law Risen to Meet the COVID-19 Challenge? Revisiting the International Health Regulations to Prepare for Future Threats," *Journal of Law, Medicine and Ethics*, vol. 48, no. 2 (Summer 2020), p. 378.

45——Burciは「感染症対応における法定立および基準設定を脱政治化（depoliticize）」する制度として評価する。Burci, "The Legal Response to Pandemics," p. 208. 西アフリカでのエボラ出血熱対応を検証するWHO内部の報告書でも、PHEIC認定には関係諸国との不和を生じさせる余地があり、事務局長と事務局の独立した勇気ある（independent and courageous）意思決定が必要であるところ、エボラ対応ではそれが欠けていた、と指摘されている。WHO, Report of the Ebola Interim Assessment Panel (July 2015), para. 8.

46——Burci, "The Legal Response to Pandemics," p. 209; Klabbers, Virtue in Global Governance, pp. 211-214.

47——Pedro Villarreal, "The 2019-2020 novel coronavirus outbreak and the importance of good faith for international law" Völkerrechtsblog, January 28, 2020, https://voelkerrechtsblog.org/the-2019-2020-novel-coronavirus-outbreak-and-the-importance-of-good-faith-for-international-law/ accessed date, January 21, 2023.

48——WHO's work in health emergencies; Strengthening preparedness for health emergencies: implementation of the International Health Regulations (2005), A74/9 Add. 1 (May 5, 2021), Annex, paras. 121-123.

49——詳しくは佐俣紀仁「世界保健機関（WHO）の権限とアカウンタビリティ——国際保健規則（IHR）緊急委員会の透明性改革の課題」『国際法外交雑誌』第120巻第1-2号（2021年8月）90-93頁参照。

50——Burci, "The Legal Response to Pandemics," pp. 209-210.

51——藤澤巌「感染症のグローバル・ガバナンス」『法学教室』no. 486（2021年3月）28-32頁参照。

52——A/74/9 Add.1, Annex, pp. 39-40, "recommendation".

53——Ibid., paras. 80-81.

54——Ibid., para. 96; The Independent Panel for Pandemic Preparedness and Response (IPPPR), COVID-19: Make It the Last Pandemic (2021), p. 25.

55——Second meeting of the International Health Regulations (2005) (IHR) Emergency Committee regarding the multi-country outbreak of monkeypox, July 23, 2022.

56——エボラ出血熱への対応について、植木「国際組織による感染症対策に関する国際協力の新たな展開」17-27頁参照。COVID-19について、山田哲也「国連総会とCOVID-19—— SDGsとの関係を中心に」『国際法外交雑誌』第120巻第1-2号（2021年8月）52-62頁、丸山政己「COVID-19は平和に対する脅威ではないのか——国連安全保障理事会の可能性」『国際法外交雑誌』第120巻第1-2号（2021年8月）63-74頁参照。

57——Global Health Keeperとして安保理が行動した、という指摘としてSee, Maurizio Arcari and Paolo Palchetti, "The Security Council as a Global 'Health-Keeper?'," *Questions of International law, Zoom-in*, vol. 10 (2014), pp. 1-3.

58——安保理決議2177は前文で "recognizing, in this regard, the central role of the World Health Organization (WHO), which designated the Ebola outbreak a public health emergency of international concern" と記している。See, UN Doc. S/RES/2177(18 September 2014), preamble, para. 18. 総会決議69/1もまた、前文でWHOの "central role" を確認している。UN Doc. A/RES/69/1 (23 September 2014), preamble, para. 5.

59——UN Doc., A/RES/74/274 (20 April 2020), para. 1. 山田は、これらの国連総会決議をもって「国連総会は、SDGsを足掛かりにCOVID-19を国連システム全体の問題として捉えると共に、多国間協力・多国間主義の立て直しの契機と捉えていたことが覗える」と評価する。山田「国連総会とCOVID-19」56-58頁参照。See also, Tamymundo T. Treves, "The Health of International Cooperation and UNGA Resolution 74/274," *Questions of International Law, Zoom-out*, vol. 70 (2020), p. 21, p. 30.

60——UN Doc. S/RES/2565 (26 February 2021), preamble, para. 6.

61——丸山「COVID-19は平和に対する脅威ではないのか」66-67頁参照。

62——他にも、IHR2005の44条は、加盟国とWHOの協力について定めている。

63——WHO, Report of the Ebola Interim Assessment Panel, p. 7, p. 19, para. 52, and pp. 23-24, para. 73. See also, Médecins Sans Frontières, Pushed to the Limit and the Beyond: A Year into the Largest ever Ebola Outbreak (March 23, 2015), pp.8-9.

64――WHO法律顧問を長年務めたBurciは、COVID-19では、WHOが、IHR2005を根拠に国際的な感染症対応を調整し、指揮することの限界を露呈したと指摘する。Burci, "Legal Responses to the Pandemic," pp. 277-278.

65――WHOのCOVID-19対応の検証作業では、国連事務総長の要請により、WHOが主導して「国連危機管理チーム（the UN Crisis Management Team）」を設置して、世界的なCOVID-19対応を調整したことが評価されている。See, A/74/9 Add.1, Annex, para. 114. ただし、世界的な協力体制のために、新たな具体的なメカニズムが必要であることも同時に指摘している。こうした新たなメカニズムの具体的な要素について、See, ibid., p. 50, para. 117, and box 3 "Possible Contents of a future global convention on pandemic preparedness and response."

66――国連がグローバル・ヘルスに関連する諸機関全体を調整する可能性を指摘する議論として、Burci, "Global Health," Klabbers ed., *The Cambridge Companion to International Organizations Law*, pp. 292-293.

67――丸山「COVID-19は平和に対する脅威ではないのか」72-73頁。安保理の側が「WHO憲章」の目的規定を考慮することで、安全保障の「Medicalization」を図るという議論として、See, Pedro Villarreal "The Security Council and COVID-19 – Towards a Medicalization of International Peace and Security," *ESIL reflections*, vol. 9, no. 6 (February 2021), pp. 3-4.

68――Robert Frau, "Combining the WHO's International Health Regulations (2005), with the UN Security Council's Powers," in Vierck, Villarreal, Weilert eds., *The Governance of Disease Outbreaks*, pp. 346-348.

69――WHOが設置した検証パネルも、同様の認識を示している。See, A84/9 Add.1, para, 134.

70――鈴木淳一「世界保健機関（WHO）・国際保健規則（IHR）の機能」『国際法外交雑誌』第120巻第1-2号（2021年8月）86頁。

71――"The World Together: Establishment of an intergovernmental negotiating body to strengthen pandemic prevention, preparedness and response", WHA decision SSA2 (5) (December 1, 2021).

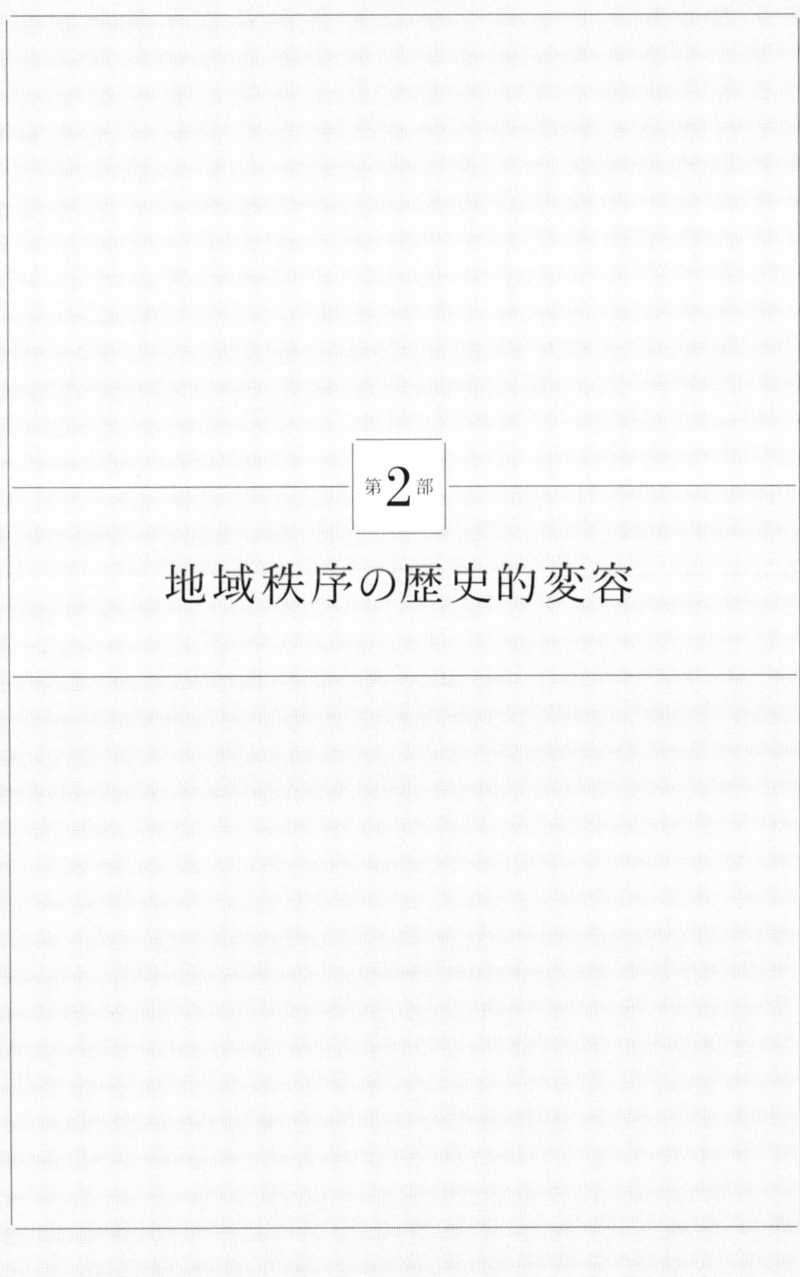

第2部

地域秩序の歴史的変容

第4章

1960年代における「インド太平洋」地域秩序の模索

高橋和宏 TAKAHASHI Kazuhiro

2010年代以降、日本外交が積極的に発信し、国際的に一般化した地域概念が「インド太平洋」である。2016年の第6回アフリカ開発会議(TICAD VI)で安倍晋三首相が「自由で開かれたインド太平洋戦略」として打ち出した地域構想は、2022年6月の先進国首脳会議(エルマウ・サミット)の首脳宣言において「包摂的で法の支配に基づく自由で開かれたインド太平洋を維持することの重要性」が明記されるなど、自由主義諸国に広く共有されているといってよい[1]。2022年に初めて対面で開催された日本・アメリカ・オーストラリア・インド4か国によるQUAD首脳会談は、その中核となる国際協力枠組みである。

インド太平洋という地域概念の特徴は、永らくアジアの地域主義に関与してこなかったインドを主要なアクターとしていることであろう。1960年代以降、この地域では日本とオーストラリアの経済関係を軸として「アジア太平洋」という地域概念が形成されてきた[2]。1989年にはAPEC(アジア太平洋経済協力)として制度化され、冷戦後は中国・ロシアをも包含する地域協力枠組みとして機能してきた。一方、インドは当初から「アジア太平洋」の構成員とみなされることはなく、現在に至るまでAPECにも加わっていない。なぜ、インドは「アジア太平洋」から抜け落ちたのか。地域概念の成立と発展が国際的な相互作用過程の所産だとすれば[3]、どのような外交交渉の末にインドを除く「アジア太平洋」が形成されていったのだろうか。

本章では1960年代の日本・オーストラリア・インドの3か国関係に注目することで、この問いを考察していく。曽村保信は1984年に刊行した著書『地政学入門』において、インド・日本・オーストラリアが連携してインド洋における中国の野心を予防するというアイデアを提起したインド海軍軍人の1970年の論文を紹介しているが[4]、実際、1960年代には現代のQUADにつながるような外交構想が政府レベルで展開されていた。中印国境紛争（1962年10月）をきっかけとして、豪外務省とインド政府内の保守派を中心に日豪印3か国が連携することで東南アジアにおける中国の影響力拡大に対抗し、アジア太平洋地域に安定をもたらそうとする外交構想（以下、「日豪印提携構想」とする）が浮上していたのである。同時期に検討された東南アジア開発問題と連関しながら展開していく日豪印提携構想をめぐって各国はいかなる地域秩序をイメージし、どのような外交を展開したのか。そして、なぜ具体的な外交上の成果を残すことなく挫折していったのか。「アジア太平洋」という地域概念が浮上していく裏面で姿を消していった日豪印提携構想を再検証することで、「インド太平洋」地域秩序の源流を探ることが本章の目的である。

1▸ 中印国境紛争と日豪印提携構想の浮上

日豪印3か国による協力が浮上するきっかけとなったのは、中国とインドとの国境紛争だった。1954年の周恩来とジャワハルラル・ネルー（Jawaharlal Nehru）首相による「平和5原則」と1955年のバンドン会議に象徴される中印の協調は東西の国境線をめぐって早くもほころびを見せ、1962年10月には本格的な武力衝突に至った[5]。紛争勃発直後、インドは中立主義の御旗をかなぐり捨てて米ソ両大国の支援を求めた。同時期に発生していたキューバ危機での支持を得るためソ連が中国に配慮を示したのに対して、インドを非同盟路線から自由主義陣営へと導くチャンスとみたアメリカは、経済援助や軍事物資の提供などインド支援を具体化した[6]。このアメリカの政策に同調したのがオーストラリアであった。豪印関係は1956年のスエズ危機を境に冷却化していたが、中印国境紛争に際してオーストラリアは積極的にインドを支援し、両国関係は劇的な改善へと向かった。以後、豪印両国はアジアにおける最大の脅威は中国であるとの認識を共有し、アジア問題に関する協力が進んだ[7]。

一方、中国とのLT貿易協定の調印を直前に控えていた日本は、中印間でバランスをとるべく、より慎重な対応に終始した。池田勇人首相がネルー首相に宛てた書簡では、国際紛争の解決手段として軍事行動に訴えた中国への遺憾とインドへの深い同情を表明したものの、中印両国の主張の理非には言及せず、また「侵攻 (aggression)」という字句を用いないことで中国を過度に刺激することを避けた[8]。また、軍需用物資の供与ないし援助を求めるインドからの要請[9]に対しても、中国との関係から認めなかった[10]。中印紛争は日本のインドに対する冷たい視線を表面化させることになったのである。

ところが、中印対立を契機とする豪印関係の深化が「日豪印提携」という地域秩序構想を生み出していくこととなる。構想が外交レベルで浮上するきっかけとなったのは、ドゥルガ・ダス (Durga Das) というインドの有力ジャーナリストの訪日であった。1963年5月に訪日したダスは大平正芳外相と会談し、アジアへの共産主義の膨張と浸透を防ぐために、日豪印3か国がEECのように経済統合をはかることでアジアにおける非軍事分野の力の真空を埋める必要があり、そのためには日本のリーダーシップが不可欠であると熱弁した[11]。ダスの提案に対する大平の反応は慎重なものだったが、ともにインドに駐在する日本大使と豪高等弁務官がダスの提案を進めていくことで意見一致するなど[12]、日豪印提携構想はニューデリーを舞台として熱を帯び始めた。

同年7月には、インド外務省内で親西側路線のキーパーソンとみなされていたM. J. デサイ (M. J. Desai) 外務次官の来日が駐印日本大使の強い働きかけで実現した。このとき、インドへの経済援助増額についてデサイは「中共をcontainするという共通のshareを強める意味でも是非とも必要なこと」と安全保障上の観点から重要性を訴えた[13]。こうしたデサイの働きかけは日本の対インド援助に影響を与えることとなり、直後に開催された対印債権国会議で日本政府はアメリカなどが軒並み現額維持ないし大幅減額に踏み切るなか、唯一、増額を表明した[14]。日本がインドへの経済援助増額を表明した後、デサイは豪高等弁務官に対して、対日講和以降インドは日本を完全に無視してきたが、今後は日本が東南アジア地域の問題に関与するよう促していくべきと考えており、インドとオーストラリアが連携して日本をその方向に導いていくことを訴えた[15]。

一方、オーストラリアはGATT35条対日援用撤回（1963年）の政治的意味を重視し、これを契機として日豪両国が外交政策の面でも協調してイニシアティブを発揮していくべきと考えていた[16]。そうした発想のなかから、ニューデリーで局地的に高まった日豪印関係強化の動きを受けて豪外務省は「豪日印間の協力について」と題する資料草案を策定するなど[17]、アジアでの中国の脅威に対抗するためにオーストラリアが要となって日印両国を結び付けるという構想を具体化し、日本外務省に対して積極的に日豪印3か国提携構想を打診していった。

だが、オーストラリアからの度重なる働きかけにも関わらず日本の反応は鈍かった。その理由は、日印関係の停滞にあった。1963年7月に表明された経済援助増額を契機に積極化に転じたかに思われた日本の対印政策は、プロジェクト受注をめぐるインド側の対応が障害となり、日本政府内には逆にインドへの不信が募っていった。一方、中印国境紛争が収束していくなかで、インドもオーストラリアによる日印関係の仲介に熱意を示さなくなっていた。ニューデリーにおいて日豪印提携を模索していた日本大使と豪高等弁務官も1964年には日印関係が停滞していると認めざるをえなかった[18]。日印関係の改善を促すことで中国の脅威に対抗する日豪印の連携を構築し、アジア地域に安定を図ろうとする構想は、日印両国の消極的反応によっていったん宙に浮く形となった。

2▸ 第2回アジア・アフリカ会議と日豪印関係

日豪印提携構想をめぐる硬直した構図を転換させたのが、1965年に開催が予定されていた第2回アジア・アフリカ会議（以下、「第2回AA会議」と略記）であった。米ソ両大国に対する第三世界の共同戦線を形成しようと中国・インドネシア・パキスタンが連携を深めるなかで、ともに難しい立場に置かれた日本とインドは互いを数少ないパートナーとして認識し、再提携を求める動きが生じた。日印両国のこうした動きを受けて、オーストラリアは再び積極的な仲介工作に乗り出していく。

1964年12月、日本はオーストラリアに、アジア・アフリカ諸国との絆を弱めることのできない日本は第2回AA会議に出席せざるをえないが、他の参加国と共通点が少ないので難しい立場に置かれるであろうと悲観的な見通しを打ち明けた。そのうえで最善策は理解ある国と共同歩調を取ることであるとしてタイとインドの国名を挙げた。日豪印提携構想を再始動するタイミングをうかがっていたオーストラリアはこの発言を捉えて、日印間の仲介役を申し出た[19]。同様の不安はインドから示されていた。ティルヴェローレ・クリシャナマチャリ（Tiruvellore T. Krishanamachari）インド大蔵大臣は豪高等弁務官に対して、第2回AA会議に出席した場合、インドは中国・インドネシア・パキスタンの結託という難問に直面するとのサルヴパッリー・ラドハクリシュナン（Sarvepalli Radhakrishnan）大統領の発言を伝えた。これに対してオーストラリアは、会議には日本も出席するとの情報を提供し、日印間に協調の可能性があることを示唆した[20]。

実際、東京では在京インド大使館が本国からの訓令に基づくものとして第2回AA会議での日本との協調を要請し、日本側も前向きに回答した[21]。さらに、第2回AA会議での協力を進めるため、インドは事務レベルでの非公式定期協議の開催を日本に打診した[22]。日本はそれまでインドとの定期協議開催に消極的だったが、中印国境紛争やネルーの死後に国際的地位が低下し、国際的な孤立に追いやられているインドが外交姿勢を地道な方向に正そうとしているなか、同国との協調関係を構築することは長期的にみて有意義と判断して、定期協議開催に同意した[23]。

第2回AA会議を前にした日印関係の進展を前に、オーストラリアは再度、日豪印提携構想を進めようとした。1965年3月、ニューデリーでは豪高等弁務官が日本大使に対して、インド政府内に日豪印提携構想への支持が急速に広まっていることに衝撃を受けたと伝えると、日本大使も日豪印3か国の協力を歓迎すると回答し、構想を具体化することで意見の一致をみた[24]。東京でも、佐藤栄作首相と椎名悦三郎外相を訪問したオーストラリア大使が日豪印3か国間にはいっそうの緊密な協力と理解が必要であり、三角形を完成させるためには日印関係の強化が不可欠であると付言して、日本政府首脳の関心を喚起した[25]。佐藤はこの日豪印提携構想に強い関心を示し[26]、1965年5月には来日した日豪経済合同委員会との会談の席上、日豪関係にインドを加え、日豪印3か国の三角関係へと発展させることが地域の発展と繁栄のために望ましいと語り、日豪印提携構想への賛同を披露した[27]。それまで事務レベルでの検討にとどまっていた日豪印提携構想は、より高い政治レベルの外交案件として浮上していったのである。

第2回AA会議に向けて、日印両国は密接な意見交換を重ね、マレーシアやソ連の参加問題といった見解の対立はあったものの、中国の影響力拡大が支配的にならないように協力していくとの共通認識を深めていた。だがその後、1965年6月19日に開催国アルジェリアで発生したクーデターにより第2回AA会議の首脳会議開催は同年11月5日まで延長された。さらにインドネシアでの9・30事件といったアジア情勢の激変を受けて中国が会議不参加を表明すると、11月2日の第2回AA会議外相会議は首脳会議の開催無期延期を決定した。

こうして第2回AA会議は消滅したのであるが、同会議を求心力として連携を深めていた日本とインドには定期協議というフレームワークが残された。日本・オーストラリア・インドという三角形のなかで欠落していた日印間に「辺」が生まれたことで、日豪印提携構想はようやく現実味を帯びていくことになる。

3▸ 日豪印提携の「実現」と「解体」

◆3つの二国間協議による日豪印提携

第2回AA会議の置き土産ともいうべき日印定期協議の最初の会合が1966年3月にニューデリーで開催された。協議における主要な議題は中国問題であった。協議では、第2回AA会議の失敗などにより1965年に中国が展開した革命外交は挫折したので1966年の中国外交は守勢にまわるだろうとする日本側と、中国は依然としてアジアでの支配権確立を目指しており、中国封じ込めのために日印間の政治協力の可能性を検討すべしとの希望を繰り返すインド側との見解の不一致が目立った[28]。だが、それにもかかわらず定期協議での率直な意見交換は、日印両国にとって満足できる結果として受け止められていた[29]。

日印両国の接近を感知したオーストラリアは日豪印提携構想の実現に向けた動きを再び加速させる。日印定期協議前の1965年11月、日本を訪れたジョン・マッキュアン（John McEwen）副首相は佐藤首相と会談し、その直前に訪問したインドでのラル・シャストリ（Lal Bahadur Shastri）首相との会談において、日豪印3か国で中国に関する情報を共有・検討・評価する機会を設けることで意見が一致したと明かし、公式なものでなくても情報の共有はすぐにでも開始すべきであると協力促進を訴えた。この打診に対して、佐藤は3か国がアジアの安定を形成・維持する柱となるべきであると回答し、マッキュアンの提案に賛意を表明していた[30]。

さらに、1966年5月、日本から日豪定期協議の開催を提起されたオーストラリアは、可能だろうと素っ気なく回答しただけで話題を日豪印提携構想に切り替え、公式な条約や安全保障取極ではないにせよ日豪印3か国が協力して東南アジアの結集点となるような協力体制を構築すべきであるとの持論を展開した。これに対して日本側は、日印定期協議の内容を紹介しながら3か国間の協力は並列する2国間関係から始めるのが実現可能かつ適切であると切り返した[31]。対中封じ込めのために日豪印3か国による地域枠組みの形成を主張するオーストラリアに対して、日本は非軍事分野における日豪印という三角形の三辺（「日豪」、「日印」、「豪印」）の強化による日豪印提携構想を示したのである。その後、1967年上旬に予定された日豪事務レベル定期協議及び豪印事務レベル定期協議の準備を通じて、日本が示した3つの定期協議による日豪印提携構想は前進するかに思われた。

だが、こうした動きと並行して進行していた「東南アジア開発」という枠組み形成をめぐって、日本とインドとの間に決定的な亀裂が生じていくこととなる。

◆「東南アジア開発」と日豪印関係――日本によるインド排除の論理

戦後日本が初めて主催した国際会議である東南アジア開発閣僚会議（以下、「開発閣僚会議」と略記）は、1965年4月にリンドン・ジョンソン（Lyndon B. Johnson）大統領が発表したジョンソン提案をきっかけとして準備が進められていた[32]。日本が会議出席を呼びかけたのは、南ベトナムからビルマ（現在のミャンマー。以下同）までの「東南アジア」諸国であり、インド及びパキスタンの招請は考慮されなかった。その理由は、経済の相互補完性をベースとした広域経済の実現のために等質的な東南アジア諸国によるサブ・リージョナルな協力が必要であるとの政策判断と、会議を「オペレーショナルなもの」とするためという政治判断によるものであった[33]。

第1回日印定期協議直後の1966年4月、東南アジア9か国が参加して開催された第1回開発閣僚会議において、日本は「東南アジア」の経済開発に積極的に関与して立場を国際的に明確にした。ひるがえってこのことは、日本と東南アジア諸国による「東南アジア開発」という枠組みから取り残されるのではないかという不安をインドに抱かせていた。インドの懸念は、日印定期協議を経て日本との関係を重視しようとしていたときだけにいっそう深刻なものであった。

「東南アジア開発」というスキームからインドを除こうとする日本と、対日関係を重視していこうとするインドとの思惑の食い違いは第2回日印定期協議で表面化する。1966年10月に開催された協議で争点となったのは中国問題とアジアの地域協力、すなわち「東南アジア開発」問題であった。アジアの地域協力について、インドはこれを熱望しているが小規模な地域的機構は好ましくないと述べて、「東南アジア」に限定した地域協力を進める日本を牽制する一方、インドは経済援助増額を狙っているのではないとも付言して日本の警戒感を和らげようと努めた。しかし、日本は具体的な協力を進めていくためにはアジアは広すぎるので、まず東南アジアのように比較的まとまりやすい地域から着手するのが実際的であると応酬した[34]。さらにインドは具体的に協議直後（1966年12月）に東京での開催が予定されていた東南アジア農業開発会議への参加を打診したが、インドを含めたグルーピングは大きすぎて効果的でないとの理由から日本はこれを拒否した[35]。日本の頑なな態度を目の当たりにしたインド外交官は後日、日本が東南アジア開発に向けたイニシアティブを発揮し始めたのは、経済的なリーダーシップの下でかつての「共栄圏」構想を再現しようとしているからではないか、との不信感をオーストラリアに打ち明けた[36]。

一方、1966年末の内閣改造で外務大臣に就任した三木武夫は、「アジア太平洋」地域協力を掲げ、オーストラリアとの関係強化を図った。1967年1月には合意から永らく休眠状態にあった事務レベルの日豪定期協議が初めて開催され[37]、同年3月には来日したポール・ハズラック（Paul Hasluck）外相との日豪外相協議が実現した。アジア太平洋地域で存在感を増しつつある日本が自らの将来像をどのように描いているかを探ろうとするハズラックは、前年12月の東南アジア農業開発会議で提案されたアジア開発銀行への農業特別基金設置をとりあげ、インドやパキスタンは含まれないのかと質した。「東南アジア」の範囲を確認しようとするハズラックに対して、三木は「それこそ大問題であり、頭の痛いこと」と打ち明け、資金不足などを理由にインドとパキスタンを入れることは無理と率直に答えた[38]。

インドは「東南アジア開発」の範囲をビルマ以東の「東南アジア」に限定しようとする日本の動きを食い止めるべく画策した。1967年4月にマニラで第2回東南アジア開発閣僚会議が開催される前日、東京ではインド大使が外務省を訪れ、インドへの経済援助の大幅増額を求めるエイド・メモワールを提示するとともに、モラルジ・デサイ（Morarji Desai）副首相来日の許可を求め、さらに開発閣僚会議へのインドのオブザーバー参加が提案された場合に反対しないよう要請した[39]。だが、インドの事前工作は奏功しなかった。第2回開発閣僚会議においてアジア開発銀行に新たに設置することとされた農業特別基金の融資先が議論になった際、特別基金の適用を特定の加盟国に限定することは望ましくないとのアジア開発銀行の原則的立場に対して、日本と東南アジアは援助対象地域を「東南アジア」に限定すべきと強く反対した[40]。インドを「東南アジア開発」から除外していくことについて、日本と東南アジア諸国の思惑は一致していたのである。

1967年8月、来日したデサイ副首相は日本の対インド不信を払拭すべく、佐藤首相や三木外相らと精力的に会談した。インド国民会議派に属する有力な保守政治家であるデサイがこのとき繰り返し訴えたのが日豪印提携構想であった。佐藤・デサイ会談では、東南アジア情勢の主要因が中国の脅威にあることで意見の一致をみたのち、デサイは日豪印3か国が密接に連携して中国の脅威に対抗すべきと述べて、日豪印提携を具体的に提起した。かつて日豪印提携構想に前向きな姿勢を示していた佐藤であったが、ここでは中国は長期的には穏健化していくだろうとの認識を示し、デサイの提案に何ら回答しなかった[41]。三木との会談でも、デサイはアジア制覇という中国の野望を封じ込めるためにも日豪印3か国が協調すべきであると力説し、日印両国間のさらなる対話と東南アジア地域協力にインドが参加することの重要性を繰り返し訴えた。だが、三木は中国の脅威を強調するデサイの見解には賛同せず、日豪印3か国間の協力体制についても既存の事務レベルによる定期協議で十分であり、また、東南アジア開発へのインドの参加についても時期尚早として峻拒した[42]。

1968年1月、ニューデリーにおいて開催された第3回日印定期協議でも、インドはアジアを包括した地域協力が必要であると述べて第3回開発閣僚会議へのインドのオブザーバー参加を希望するとともに、アジア諸国による新たな閣僚会議の設置も提起した。これに対して日本側は排他的な地域グループを形成するつもりはないが、現時点で構成国を拡大することは望ましくないとして、言質を与えなかった[43]。日本側はインドが日豪印提携構想を持ち出した場合の回答ぶりも事前に検討していたが[44]、インドが提起することなく、構想具体化のきっかけは失われた。日本はインドが非同盟政策の行き詰り、中国の脅威増大、英軍のスエズ以東撤退といった理由から孤立感を抱いており、そのことが東南アジア地域協力への参加希望につながっていると分析していたが[45]、そこに手を差し伸べることはなかった。

第3回開発閣僚会議への参加について日本の同意を得られなかったインドは、会議主催国であるシンガポールに密かに働きかけ、オーストラリア等とともにオブザーバー参加することとなった。オブザーバー招請について事前にシンガポールから情報提供を受けていなかった日本は、開発閣僚会議のオブザーバーは他の国際会議とは性格が異なるとの理由から、とりわけインドとパキスタンの参加に強硬に反対した[46]。最終的に第3回開発閣僚会議（1968年4月）にはオーストラリアやインドなど5か国が域外オブザーバーとして参加したが、日本はインドなどの地位を「サイレント・オブザーバー」として発言を認めず、会議2日目以降のワーキングセッションへの参加も拒んだ[47]。日本はインドに対して「東南アジア」という扉を頑なまでに閉ざしたのである。

◆インドの「アジア開発」構想

インドとパキスタンを枠外においた「東南アジア開発」を進めようとする日本と、それに賛同する東南アジア諸国との連携がより強固なものになっていくなかで、インドはオーストラリアも含めたアジアを広く網羅する「アジア開発」を提唱することで対抗しようとした。

1967年5月にシンガポールとマレーシアを訪問した際、マホメダリ・チャグラ（Mahomedali C. Chagla）外相は中国の脅威に対抗するためにはアジア諸国が経済協力によって経済的に強固となる必要があり、インドはそのための協力を惜しまないとして、西欧を参考にした「アジア会議」及び「アジア共同市場」構想を打ち出した。インド提案の狙いが「東南アジア」というサブ・リージョナルな地域協力に対抗する点にあることは明白であった[48]。

「アジア開発」を掲げることで日本が主導する「東南アジア開発」に対抗

しようとするインドは、1968年1月、オーストラリアに対して豪印提携によるアジア経済開発組織の新設を訴えた。この組織は東南アジア諸国やパキスタン、さらには北朝鮮や北ベトナムまでも包含しうるものとする一方、日本の積極的な参加は想定せず、むしろ新たな「共栄圏」へとつながりかねない日本の経済力をこの組織によって「カウンターバランス」するという意図を秘めたものだった。インドは日本が主導する東南アジア開発枠組みに対抗してより広域な経済開発機構を構築すべきと主張し、その際にはオーストラリアがイニシアティブを発揮してほしいと希望した。この大胆な提案に対してオーストラリア側は日豪印構想の意義に触れながら、同じような目的の地域組織がこれ以上増えることは望ましくないと述べ、同意しなかった[49]。

オーストラリアからの賛同を得られなかったインドは、次善の策としてECAFEを舞台としてアジア全域の経済協力を進めようとした。1968年12月に開催されたECAFE経済協力閣僚会議において、インドは域内貿易自由化を通じた地域統合を実現するため、これを監視する常設閣僚理事会の設置を強く主張した。インド提案に対して日本やオーストラリアなどが消極的に対応した結果、ECAFE経済協力閣僚会議の名称を閣僚理事会とするにとどまり、実質的な変更はなかった[50]。だが、自らの発案でECAFEを母体とする地域協力枠組みに格上げできたことをインドは重視した。1969年2月に開催された第4回日印定期協議の席上、インドはこれまでの姿勢を転換して開発閣僚会議への参加は求めないと述べる一方、ECAFE経済協力閣僚理事会の意義を高く評価した。さらにインドは、アジアにおける中国の脅威をバランスするうえでソ連が果たしうる役割を強調した。日本は、インドが中国やパキスタンとの対立をカバーするためにソ連の軍事的・政治的支持に大きく依存する態度を固めており、東南アジア諸国や日豪との関係緊密化もソ連との関係維持に抵触しない範囲内にとどまらざるを得ないと判断した[51]。「アジア」と「東南アジア」の線引きをめぐって揺れ動いてきた日本とインドとの間に、「ソ連」という決定的な要因が浮上したのである。1962年の中印国境紛争後、中国への脅威認識を共有できるパートナーを求めてきたインドが最終的に選択したのは、日豪ではなくソ連であった。

◆オーストラリアによる日豪印提携構想の断念

このように1966年以降、「東南アジア開発」をめぐって日本とインドが対立を深めていることをオーストラリアは憂慮していた。1967年1月の日豪定期協議に加え、オーストラリアとインドとの定期協議開催も決定し、「日豪」「豪印」「日印」という3つのバイラテラルな定期協議によって形成される日豪印提携の枠組みが実現する矢先だったからである。

事態を転換させるため、オーストラリアは豪印定期協議の議題に東南アジア地域協力問題と日豪印関係を追加してインドの意向を確認することとした[52]。1967年4月に開催された第1回豪印定期協議の席上、インドのチャグラ外相はオーストラリア側が提起した日豪印提携構想について、東南アジア諸国が大国や先進国による支配を憂慮する危険があると消極的な姿勢に終始した。これに対して、日豪印提携によって東南アジアの経済開発のみならず安全保障も進めようとしたオーストラリアは、地域的な安全保障枠組みはインドにとっても有効であると反論するなど豪印間の見解の不一致が露呈した[53]。

自らが推進してきた日豪印提携構想が行き詰まりをみせるなか、オーストラリアは政策再検討のためにインド政府内情について情報収集を重ねた。その結果、ニューデリーの高等弁務官からキャンベラの豪外務省に対して、中国に対抗するための日豪印3か国による安全保障を含めた提携構想はインドの国内政治状況からみて採用されないであろうとの情勢分析とともに、インドと東南アジア地域経済協力の関係についてオーストラリアの対処方針の明確化を求める長文の意見具申が寄せられた[54]。これを受けて、豪外務省はインドのASPAC(アジア太平洋協議会)[55]への加盟という問題に議論を集約して、インドの東南アジア地域協力問題への関与について検討を重ねた。その結果、インドのASPAC加盟が実現すれば日豪印提携による地域安全保障というオーストラリアの長期的目標の第一歩となるというメリットは認めつつも、ASPACの政治性や結束力を薄めかねないといったデメリットを優先し、インドの東南アジア地域協力への参画をオーストラリアは後押ししないとの方針を固めた[56]。ASPACに焦点を絞った上での議論であったとはいえ、オーストラリアがインドの東南アジア地域協力枠組みへの加入を断念したことで、日豪印提携構想は推進力を失った。

ECAFE経済協力閣僚理事会やソ連への評価をめぐって見解の相違が露になった先述の第4回日印定期協議後、インドはオーストラリアに対して、日本の真意は東南アジアにEECのような地域経済取極めを形成することにあり、イギリスとEECに分断された西ヨーロッパのようにアジアも分断されてしまうとの対日不信を明け透けに語った[57]。他方、日本もオーストラリアに対して、ソ連を東南アジアに引き入れようとするインドの構想は危険であると伝えた。こうした両者の動きを前に、かつて日豪印提携構想を主導した豪外務省の高官は、日印両国は「互いに不信感を抱いており、相手の東南アジア問題への関与が自国の利益に適わないと確信している」との感想を記した[58]。日本・オーストラリア・インドの3か国が東南アジア政策を協調して進め、地域に安定をもたらそうとする外交構想が完全に断たれたことを、この報告は如実に示していた。

4▸ 日豪印提携構想の歴史的意味

1960年代の日豪印提携構想は1962年の中印国境紛争をきっかけに浮上し、第2回AA会議に向けた日印協力を機運として、「日豪」「日印」「豪印」という3つの2国間定期協議による協力枠組みを構築した。だが、東南アジア開発をめぐる日印対立のすえに、実質的な外交成果をみることなく国際政治の後景へと霞んでいった。そのプロセスは本稿で論じてきたとおりだが、構想が解体していく基底にはあったのは各国のアジア秩序観の相違であった。

日豪印提携構想を一貫して主張したオーストラリアが主眼に置いたのはアジアでの中国の影響力拡大を阻止することだった。1965年には南ベトナムに部隊を派遣するなどベトナム戦争への軍事的関与を深めていたオーストラリアは、東南アジアでの共産主義の拡張を阻止する外交戦略として日豪印提携構想を位置付けていた。別の言い方をすれば、日豪印提携構想はオーストラリアによる中国「封じ込め」政策の一環であり、冷戦的なアジア秩序観を反映していたといえる[59]。

これに対して1960年代のインドのアジア政策は伝統的な中立主義の一方で、一部の保守派や外務省が中国への警戒感から日本やオーストラリアとの関係強化に関心を示し、また「東南アジア開発」への参加を繰り返し求めるなど、アジア太平洋地域にパートナーを求める動きも強かった。この間、インドは第2次印パ戦争（1965年）や食糧危機に際しての積極的な支持を与えたアメリカとの関係も深めており[60]、1960年代半ばのインド外交が西側陣営を選択していく可能性は小さくはなかった。その意味で、インドにとっての日豪印提携構想は、アジア太平洋を広く網羅する自由主義陣営との政治的・経済的な関係強化という可能性を示す外交構想だったといえよう。だが、「東南アジア開発」への関与を拒まれたインドは、ベトナム戦争の本格化や中印対立、インド経済のソ連・東欧依存の高まりといった要因も重なっていくなかでソ連との提携へと舵を切った。その結果、インドは「東南アジア」から切り離され、日豪主導の「アジア太平洋」に加わることもなく、開発の時代へと進むアジア太平洋から取り残されていくのである。

日豪印提携構想においてオーストラリアとインドの双方から期待を寄せられたのが高度経済成長を突き進む日本であった。オーストラリアは主として中国牽制という冷戦的観点から、インドは経済協力・経済開発という経済的観点を中心に、日本がアジア政策を積極化することを期待した。だが、佐藤栄作が一時前向きな姿勢を表明したことはあったものの、日豪印提携構想を日本政府が熱意を込めて進めることはなかった。その理由は、オーストラリアやインドと対中脅威認識を共有していなかったこと、そして、限られた経済資源をインドに回さずに「東南アジア」に重点的に活用するとの方針を固めていたことにある。後者の「東南アジア開発」を模索する外交構想が、当該期に誕生したASEANなどと合流しつつ「東南アジア」地域概念の形成へとつながっていく。インド・パキスタンを除いた「東南アジア」を一体として経済開発へと導いていこうとする日本のアジア秩序観が日豪印提携構想への対応を抑制的にしたのである。

本稿が取り上げた日豪印提携構想が戦後国際関係史上で異彩を放っているのは、発案から挫折までのプロセスに大国が直接介在することなく、日本・オーストラリア・インドが各々にあるべき地域秩序を模索する、自律的な外交として展開したことであろう。自国が位置する地域にいかなる秩序を実現するか。この問いを大国のみに委ねるのではなく、主体性をもって向き合うことの重要性を1960年代の日豪印提携構想は示している。

註

1——安倍晋三内閣による「インド太平洋」構想については、大庭三枝「日本の『インド太平洋』構想」『国際安全保障』第46巻第3号（2018年12月）12-32頁。添谷芳秀「日本のインド太平洋外交と近隣外交」『国際問題』no. 688（2020年1-2月）18-32頁。竹中治堅「『自由で開かれたインド太平洋』構想と日本の統治機構」竹中治堅編著『『強国』中国と対峙するインド太平洋諸国』（千倉書房、2022年）97-138頁。なお、本稿は筆者が2005年に発表した論考（高橋和宏「1960年代における日豪印提携構想と「アジア太平洋」の国際関係」『外交史料館報』第19号［2005年9月］47-88頁）を基にしている。

2——大庭三枝『アジア太平洋地域概念への道程』（ミネルヴァ書房、2004年）86-91頁。

3——渡辺昭夫『アジア・太平洋の国際関係と日本』（東京大学出版会、1992年）79頁。

4——曽村保信『地政学入門　改版』（中央公論新社、2017年）209頁。また、細谷雄一「新しい地政学の時代へ　冷戦後における国際秩序の転換」北岡伸一、細谷雄一編『新しい地政学』（東洋経済新報社、2020年）61-62頁。

5——中印国境紛争時の中国側の対応については、牛軍『中国外交政策決定研究』（千倉書房、2021年）第9章。

6——当該期のアメリカとインドとの関係を描写した研究として、Robert J. McMahon, *The Cold War on the Periphery: The United States, India, and Pakistan* (New York: Columbia University Press, 1994), Chapts. 8-9。また、オッド・A・ウェスタッド『冷戦　ワールド・ヒストリー（下）』益田実監訳（岩波書店、2020年）第16章。

7——David Goldworthy, ed., *Facing North, A Century of Australian Engagement with Asia Volume1*, (Victoria: Melbourne University Press, 2001), p. 208.

8——Letter from Prime Minister of Japan Hayato Ikeda to Prime Minister of India Jawaharlal Nehru, Nov. 3, 1962、戦後外交記録「中共・インド国境紛争関係一件　各国の態度　本邦の部」A'.6.4.0.2-1-2（A'-372）、外務省外交史料館（以下、外交史料館）。

9——在インド松平大使より大平外務大臣宛電信第1007号、1962年11月9日、同上所収。

10——「インド来電第1007号に対する局長コメント」日付不明、同上所収。

11——アジア局南西アジア課「大平大臣とドゥルガ・ダス氏との会談要旨」1963年5月16日、戦後外交記録「中共・インド国境紛争関係一件」第8巻、A'.6.4.0.2（A'-372）、外交史料館。ダスはIndia News and Features Allianceの社長兼主筆の保守派論客で、在印大使の松平康東と親しく中印紛争以後は頻繁に情報交換を重ねていた。

12——Savingram 23, from Australian High Commission New Delhi (hereafter AHCND) to Department of External Affairs (hereafter DEA), June 6, 1963, A9564, 227/12/1 Part 2, National Archives of Australia (hereafter NAA).

13——南西アジア課「デサイ・インド外務次官と島外務次官との会談録」1963年7月3日、戦後外交記録「インド要人本邦訪問関係雑件」第2巻、A'.1.6.4.4 (A'-409)、外交史料館。

14——通商産業省通商局『経済協力の現状と問題点(1963)』通商産業調査会、1964年、162-167頁。

15——Record of Conversation, Plimsoll and Desai, July 26, 1963, A1838, 3103/11/147 Part 2, NAA.

16——Record of Conversation, Tange and Ohta, Aug. 6, 1963, A1838, 3103/10/10/2 Part 6, NAA

17——Memorandum 680, from DEA to AHCND, July 26, 1963, A1838, 169/11/89 Part 2, NAA.

18——Memorandum 123, from AHCND to DEA, Jan. 16, 1964, A9564 227/12/1 Part 3, NAA.

19——Savingram 106, from Australian Embassy Tokyo (hereafter AET) to DEA, Dec. 7, 1964, A1838, 3103/11/147 Part 2, NAA.

20——Memorandum 204, from AHCND to DEA, Jan. 28, 1965, A9564, 227/12/1 Part 3, NAA.

21——南西アジア課「後宮アジア局長とDixit在京インド臨時代理大使との会談について(AA会議に関する日本との協力)」1965年2月3日、戦後外交記録「日本・インド間外交　日・印定期協議関係　第1回関係」A'.1.3.1.7-1-1 (A'-432)、外交史料館。

22——在京インド大使より椎名外務大臣宛公信、1965年5月14日、同上所収。

23——南西アジア課「(幹部会資料) 日印間の事務レベルにおける協議について」1965年5月24日、同上所収。

24——Memorandum 516, from AHCND to DEA, March 25, 1965, A9564 227/12/1 Part 3, NAA.

25——Savingram 29, from AET to DEA, April 12, 1965, A1838, 3103/10/1 Part 10, NAA.

26——佐藤は1963年7月に来日したデサイ蔵相との会談でも、日豪印3か国の協力拡大に言及していた。Record of Conversation, Plimsoll and Desai, July 26, 1963.

27——Memorandum 528, from AET to DEA, May 10, 1965, A1838, 3103/10/1 Part 10, NAA.

28——在インド板垣大使より椎名外務大臣宛電信第139号、1966年3月5日、及び、在インド板垣大使より椎名外務大臣宛公信印第233号、1966年3月12日、戦後外交記録「日本・インド間外交　日・印定期協議関係　第2回関係」A'.1.3.1.7-1-2 (A'-432)、外交史料館。

29——Memorandum 399, from AHCND to DEA, March 11, 1966, A1838, 169/11/89 Part 2,

NAA.

30——Record of Conversation, McEwen and Sato, Nov. 10, 1965, M.58, 524, NAA.

31——Record of Conversation, Plimsoll and Ushiba, May 16, 1966, A1838, 3103/11/147 Part 3, NAA.

32——詳しくは、高橋和宏『ドル防衛と日米関係』(千倉書房、2018年) 第3章。

33——経済協力局政策課「ジョンソン提案に対するわが国の態度(とくに将来のアジア開発機構)」昭和40年6月23日、戦後外交記録「東南アジア開発閣僚会議関係　第1回会議関係　開催経緯」第1巻、B'.6.1.0.63-1-1、外交史料館。

34——椎名外務大臣より在仏萩原大使他宛電信合第1038号、1966年11月4日、戦後外交記録「日本・インド間外交関係　日・印定期協議関係　第2回関係」。

35——Memorandum 729, from Canadian Embassy Tokyo to the Under-Secretary of State for External Affairs, Nov. 21, 1966, A1838, 3103/11/147 Part 3, NAA.

36——Savingram 54, from AET to DEA, Nov. 11, 1966, A1838, 3103/11/147 Part 3, NAA.

37——欧亜局英連邦課「日・豪政治問題事務レヴェル協議記録(1967年1月16・17日於キャンベラ)」、戦後外交記録「日本・オーストラリア間外交 日豪定期協議関係 第1回」A'.1.3.1.6-1-1 (A'-394)、外交史料館。

38——以下、日豪外相協議の会談内容については、欧亜局英連邦課「日豪外務大臣協議記録」1967年4月12日、戦後外交記録「オーストラリア要人本邦訪問関係 ハズラック外相関係」第2巻、A'.1.6.4.6-6 (A'-411)、外交史料館。

39——経済協力局(吉野参事官)「Tyabji印度大使の次官来訪」1967年4月25日、戦後外交記録「インド要人本邦訪問関係　モラルジ・デサイ副首相関係」A'.1.6.4.4-5 (A'-409)、外交史料館。

40——外務省経済協力局国際協力課「第2回東南アジア開発閣僚会議要録」戦後外交記録「東南アジア開発閣僚会議関係　第2回会議関係」B'.6.1.0.63-2 (B'-0211)、外交史料館。

41——南西アジア課「デサイ・インド副首相兼蔵相と佐藤総理の会談要旨」、1967年8月15日、戦後外交記録「インド要人本邦訪問関係　モラルジ・デサイ副首相関係」。

42——南西アジア課「デサイ・インド副首相兼蔵相と三木外務大臣の会談要旨」1967年8月16日、同上所収。

43——アジア局南西アジア課「第3回日印定期協議概要」1968年2月19日、外務省開示文書。また、在インド伊関大使発三木外務大臣宛電信第43号、1968年1月25日、戦後外交記録「日本・インド間外交関係　日・印定期協議関係　第3回関係」A'.1.3.1.7-1-3 (A'-432)、外交史料館。

44——外務省が事前に準備した資料では、インドが日豪印提携構想の具体的措置の実現を要望する場合、各国の首都で当該国外務省担当局部長クラスと大使館次席クラスとの非公式定期会合の開催を示唆することも検討することが想定されていた。文書名なし、日付不明、同上所収。

45——近藤外務審議官「第3回日印定期協議について」1968年2月8日、同上所収。

46——Savingram 21, from AHCND to DEA, April 9, 1968, A1838/335, 541/1/2 Part 1, NAA. 日本がインドのオブザーバー参加に過剰な警戒心を示したのは、この第3回開発

閣僚会議を契機として、常設委員会の設置など会議の常設化・制度化を考えたためでもあった。

47——Telegram 936, from Australian High Commission Singapore to DEA, April 13, 1968, A1838/322, 541/6/1 Part 2, NAA.

48——Letter from Australian Department of Trade and Industry to DEA, June 15, 1967, A1838, 541/1/2 Part 1, NAA.

49——Record of Conversation, McIntyre and Kaul, Jan, 12, 1968, A1838, 541/6/1 Part 2, NAA.

50——高橋惟元「エカフェ第3回アジア経済閣僚会議の討議概要」『調査資料月報』第2巻第2号（1969年2月）20-29頁。

51——アジア局南西アジア課「第4回日印定期協議の概要」1969年2月、外務省開示文書。

52——Telegram 334, from DEA to AHCND, March 31 1967, A1838, 3103/11/147 Part 3, NAA.

53——Record of Conversation, Plimsoll and Chagla, April 21, 1967, A9564, 228/1 Part 4, NAA.

54——Savingram 82, from AHCND to DEA, Sep. 1, 1967, A1838, 541/1/2 Part 1, NAA.

55——ASPAC（Asia and Pacific Council）は韓国主導で1966年に設立された地域組織。日本・韓国・豪州・中華民国など自由主義陣営のアジア太平洋諸国9カ国が参加した。

56——Savingram 49, from DEA to AHCND, Oct. 6, 1967, A1838, 541/1/2 Part 1, NAA.

57——Record of Conversation, McDonald and Singh, Feb. 17, 1969, A1838, 3103/11/147 Part 3, NAA.

58——Record of Conversation, Tange and Hogen, March 20, 1969, A1838, 3103/11/147 Part 3, NAA.

59——当該期のアジアにおける秩序形成については、宮城大蔵『戦後アジア秩序の模索と日本 「海のアジア」の戦後史 1957～1966』（創文社、2004年）終章。

60——この点については、吉田徹「インドとロシア その「同盟観」を考える」『現代インド・フォーラム』no. 54（2022年7月）13-14頁。

第5章

1970年代アジア太平洋地域における「正統中国」を賭けた戦い

——「統一戦線工作」と「対匪闘争」のせめぎ合い

福田円 FUKUDA Madoka

本稿では、1970年代半ばに地域の国際秩序が大きく変容するなかで、中国共産党がアジアの近隣諸国に向けて統一戦線工作を再開し、国民党がそれに対抗して海外党務活動を強化した経緯を考察する。これは、共産党と国民党がともに「中国」を代表する政府としての正統性を争った内戦の、事実上の最終決戦であった。それと同時に、決戦の帰結は、地域の諸国と台湾の実質的関係を中華人民共和国が牽制し続けるという、新たな緊張関係を地域にもたらした。

現在に繋がる共産党の台湾に対する統一戦線工作が、1979年1月1日の「台湾同胞へ告ぐ」をもって本格的に始まったことはよく知られている。しかし、文化大革命以来中断していた共産党の対台湾統一戦線工作が、1972年の米中和解と日中国交正常化以降、徐々に再開されていた経緯については、まだ解明されていないことが多い。これに関して、台湾の国民党は1970年代はじめにはすでに中国共産党の統一戦線工作にさらされていることを脅威だと感じていたことが、当時の国民党内部文書や関係者の回想からうかがえる。

この時期、共産党と国民党は、当時中国と外交関係を結んだ日本、オーストラリア、ニュージーランド、フィリピン、タイ、マレーシアなどのアジア太平洋諸国への影響力をめぐって激しく競い合っていた。1970年代のアジア太平洋地域の国際秩序は、旧宗主国の撤退、米中和解、ベトナム和平交渉などの影響を受けて、大きく変容しつつあった。地域の諸国にとって、中華人民共和国との関係構築の可能性と、その戦略的な価値はともに上がった。しかし他方で、中華民国（台湾）は1960年代から経済発展の軌道に乗り、地域の諸国にとっては重要なパートナーになりつつあった。そのため、共産党と国民党の影響力争いは、「中国」としての正統性争いにとどまらず、経済、社会、文化など多元的な領域に及んだ。

本稿ではまず、『人民日報』などの中国共産党の公式出版物や内部刊行物に基づいて、1973年から1975年にかけての中国共産党の対台湾統一戦線工作再開の背景とその展開を分析する。その上で、国民党や中華民国外交部の機密解除文書、当時国民党で実権を握りつつあった蔣経国の日記などをもとに、こうした工作の実態をさらに精査し、国民党が対外党務工作の拡大によってこれに対抗しようとした経緯を分析する。最後に、この時期に中国との外交関係を樹立した日本や東南アジア諸国で中国共産党の統一戦線工作と国民党の対外党務工作がどのように衝突したのかを考察し、地域の国際秩序にどのような影響がもたらされたのかを分析する。

1▸ 共産党の対台湾統一戦線工作

中国共産党内に対台湾工作を所管する部門が設置されたのは、1954年夏頃であると考えられる。その頃、「台湾解放」の宣伝工作に関する指揮系統も、宣伝部を中心とするかたちで試行錯誤を経て整えられた[1]。これを発展させるかたちで1956年半ばに確立した中央対台湾工作組は、中央統一戦線工作部、調査部、宣伝部、公安局、外交部、華僑事務委員会、解放軍総政治部、解放軍情報部の責任者からなる組織であった[2]。童小鵬の回顧録によれば、おそらくこの対台湾工作組の上部に中央対台領導小組があり、その責任者は李克農と羅瑞卿であり、メンバーには徐冰、羅青長、凌雲、童小鵬などがいた[3]。この人選から、中央対台領導小組は統一戦線工作と軍の政治・情報系統を中心とする組織であったと理解することができる。また、上海市、天津市、浙江省、福建省、広東省、雲南省など、台湾と地理的あるいは人的な関係の深い地域の省委員会にも対台湾工作組が設置され、当時提起された台湾の「平和解放」を宣伝し、様々なルートを通じて台湾の国民党要人に接触を図る工作を展開した[4]。

台湾「平和解放」の試みは、反右派闘争の影響を受けて1957年には行き詰まり、1958年には解放軍が金門島を砲撃し、第二次台湾海峡危機を招いたことで事実上は頓挫した。しかし、文化大革命がはじまる1960年代半ばまで対台工作組は維持され、国民党要人に対する接触工作を続けた。また、1959年から1966年までの間に、共産党は国共内戦以降に捉えた国民党捕虜である「戦犯」の「特赦」を計6回に分けて行った[5]。1960年1月に中共中央対台小組から党中央に提出された報告によれば、対台工作組はこの「特赦」にあわせてどのような対台湾工作を行うのかについても議論した。なお、この報告を起草した対台領導小組のメンバーは、羅瑞卿、謝富治、徐冰、孔原であり、この顔ぶれからも、統一戦線部および軍の政治・情報系統が引き続き組織の中心を担っていたことがうかがえる[6]。

文化大革命によって中断された対台湾工作が再開したのは、1973年のはじめである。周恩来の日本語通訳を務めた台湾籍帰国華僑である林麗韞の回想などによれば、周恩来は1972年末から1973年初頭にかけて、廖承志日中友好協会会長に対台湾工作の再開を指示した[7]。この指示を受けて、1973年2月には、中国政治協商会議が文革中に中断していた二・二八記念集会を再開した[8]。この集会において、廖承志は米中接近や日中国交正常化によって「二つの中国」、「一つの中国、一つの台湾」、「台湾独立」、「台湾の地位未定論」などは「すでに破綻した」と強調する談話を発表した[9]。さらに、同年8月の中国共産党第10回党大会には台湾省籍代表団が初出席し、周恩来は政治報告において「台湾を必ず解放し、祖国を必ず統一する」と述べた[10]。

党中央では対台湾工作を統括する組織が再編された。組織の名称は対台湾弁公室というもので、1950年代に組織された対台湾工作組と同様に党中央に直属し、華僑事務委員会主任を務める廖承志が主任を兼務した。1950年代の対台湾工作組にも関わっていた羅青長（統一戦線工作部・解放軍情報室）が執行秘書を務め、そのほかには王海容（外交部）、郭大凱（新華社・外交部新聞情報司）、蔡嘯（統一戦線工作部・台湾民主自治連盟）、林麗韞（台湾代表人代常委・全国台湾同胞連誼会）が構成員であったとされる[11]。この構成から、対台湾弁公室は、羅青長の人事に代表されるように統一戦線工作部や解放軍情報系統との繋がりを保ちつつも、以前の対台湾工作組に比べると対外的な呼びかけを重視した布陣であったと言える。共産党は当時の国際環境の変化と国内情勢を考慮して、まずは海外における対台湾統一戦線工作の形成から、対台湾工作の再建に着手しようとしていたと考えられる。

1970年代前半の中国外交は、周恩来が中心となって林彪事件までの極左傾向を改め、西側諸国との関係を安定させた上で、経済発展重視の路線へと転換することを目指していた。この方針は毛沢東主席の国際情勢認識によって支えられた。それは、最大の脅威であるソ連（「一大片」）に対し、アメリカ、日本、中国、パキスタン、イラン、トルコ、西欧諸国による包囲網（「一条線」）を形成する必要があり、そのためには体制が異なる諸国との協調が不可欠だという認識である。アジアの周辺諸国はこの「一条線」の重要な構成要素であり、中国は米中接近や国連加盟などを追い風に、積極的に周辺諸国、特に中華民国と外交関係を持つ親米諸国との関係改善を図った[12]。そのなかで、いかに「二つの中国」、「一つの中国、一つの台湾」、「台湾独立」、「台湾の地位未定論」などを封じ込め、台湾の国民党政権を共産党との「統一」交渉へと追い込むかが、統一戦線工作の課題となった。

2▸ 国民党の海外対匪闘争

国民党は伝統的に「海外党務工作」を行なっていた。これは、国民党中央委員会第三組が主管し、中華民国政府の海外僑務委員会などと協力しながら展開していた工作で、主に国民党系の華僑を党の活動に動員し、管理することを目的としていた。1956年、共産党が対台湾統一戦線工作（先述）を展開しはじめたことへの反応として、国民党は党内に「海外対匪闘争工作統一指導委員会」を組織した。この組織は、国家安全局の発案の下、海外党務と情報工作の調整を図り、海外における共産党との闘争体制を強化することを目的として設置された。同委員会の初期の構成員は、党中央秘書長、国防部長、救国団主任（蔣経国）、国軍総参謀長、国民党中央委員会第二組、三組、四組、六組の主任、外交部長、財政部長、経済部長などであった[13]。1950年代の国民党対外党務を研究した葉川睿によれば、従来の海外党務が党務、僑務、外交、情報の四大業務に重きを置いていたのに対し、経済財政部門の責任者が加わったことが「海外対匪闘争工作統一指導委員会」の特徴であった。また、同委員会では国防部長であった周至柔が召集人を務めたことから、以前の海外党務を担った第三組の役割は相対的に低下し、国民党の海外工作は共産党との闘争という意味合いが増し、対大陸工作との連携が強まったことも指摘している[14]。

このような国民党の「海外対匪闘争工作」の重点は、アメリカやカナダなど北米地域に加え、香港・マカオ、日本、タイ、フィリピン、南ベトナムなど、いずれも親米的なアジアの周辺諸国・地域であった。「海外対匪闘争工作統一指導委員会」は、対外的にはその存在を隠し、「固海通」というコードネームを用いており、上記の各国・地域それぞれにおいても、別の漢字三文字からなる同種のコードネームを使って活動していた。これは、現地の政府からの取り締まりや、共産党からの妨害を回避するための方策であった[15]。同委員会の発足後、国民党は上記の周辺諸国・地域を中心に「工作小組」と呼ばれる海外組織を再建し、反共工作を行なった。そして、1960年代に入ると、同委員会や海外の工作小組の業務は反共活動から海外における反国民党政権活動、特に日本やアメリカにおける「台湾独立」運動の取り締まりへと拡大した[16]。

機密解除された「海外対匪工作統一指導委員会」の会議録や、国民党の党大会における報告内容から、1960年末から1970年代前半にかけて、同工作を取り巻く国際環境が大きく変化するなかで、海外における共産党との闘争は次第に国民党にとって不利な情勢へと転じていったことが分かる。1969年の国民党第10回全国代表大会での党務報告では、党の「海外対匪闘争工作」は、各地で異なる状況があるものの、概ね有効な措置をとっており、多くの華僑が「毛（沢東）を倒し、国を救う連合陣線」という目標に呼応していると報告されていた[17]。この頃、同委員会はそのコードネームを「陸海光」に改め、引き続き海外における「共匪」と「台独」に対抗する工作を行ったものの、1973年にはその役目を終えたようである[18]。その後、1973年6月には、「海外対敵工作協調会報」が組織され、国民党海外工作会、文化工作会、外交部、教育部、行政院新聞局、僑務委員会などの代表者が集まり、北アメリカや近隣諸国での「共匪」や「台独」の動向について情報を共有した。そのメンバーや報告内容から、「海外対敵工作協調会報」は「海外対匪工作統一指導委員会」を引き継いだと推測されるが、会議が開催される頻度は大幅に下がり、半年に一度ほどとなった[19]。

会議録に記録された内容から判断すると、「海外対匪工作統一指導委員会」が解消され、「海外対敵工作協調会報」が組織された理由は、国連中国代表権の交代と中国と諸国の接近や外交関係樹立により、既存の工作内容では共産党の攻勢に対応しきれなくなったことによると考えられる。同会議の第2回（1974年3月28日）で採択された「共産党匪賊（共匪）の現段階における統一戦線の陰謀の分析と対策」には、当時の共産党と国民党の間で何が争点であったのかが端的にまとめられている。それによれば、①アメリカのリベラルな人々を「利用」して文化経済交流を拡大し、米華関係を「破壊」しようとしていること、②石油危機を「利用」してASEAN諸国へ経済協力を働きかけ、タイやフィリピンと外交関係を樹立し、中華民国を孤立させようとしていること、③外交関係を樹立した国で外交特権を「利用」して中華民国との友好関係を「破壊」しようとしていることなどが新たな脅威だと見做された。また、海外の台湾独立運動家や政権に批判的な人士に対して、共産党が働きかけを強め、訪中などを呼びかけていることも問題視された[20]。そして、1974年11月に開催された国民党第十期五中全会の「海外地区対匪闘争工作報告」でも、目下の闘争においては共産党が、外交上の優勢や豊富な財力など、「我々が簡単には克服できない優越的な条件」を有していることが報告された[21]。

3▸ 日本との航空協定をめぐる闘争

共産党が「台湾統一」に向けた国際統一戦線工作に着手し、国民党がそれに対抗すべく「海外対匪闘争工作」を練り直しつつあった1973年から1975年の期間において、両者が最も重視した「戦場」の1つは日本であった。特に、1973年初頭から1974年4月にかけて行われた日中航空協定締結交渉と日台航空路線の断絶を経て、1975年5月に日台間の航空路線が回復するまでのプロセスは、共産党と国民党が海外で繰り広げた「闘争」の一大争点となった。

1972年秋の日中国交正常化に続く、日中航空協定締結に向けた交渉の中で、中国政府は中華民国のフラッグ・キャリアである「中華航空」の名称やその航空機に描かれた「国旗」を問題視し、中国の航空機が同じ空港に乗り入れることはできないと主張した。1972年末、日本政府は台湾に対し、日台航路を維持し、日本国内の法令の範囲内で中華航空へ必要な便宜を図りたいとの意向を書面で示した[22]。これに対して、1973年2月に中華民国外交部亜太司が作成した文書によれば、台湾側は日本政府が中国政府に対して弱腰だと認識し、日中交渉の成り行きによっては日台航路の減便、直航便の取り消し、航路変更などもあり得るが、日台航路の現状を可能な限り維持するための対日工作を継続しようとした[23]。

陳冠任の研究が、中華民国外交部の文書に基づいて明らかにしているように、日本政府との交渉と並行して台湾側が推進しようとした対日工作は、主に自民党内の親台湾派議員を通じた工作と、『産経新聞』などのメディアを通じた宣伝工作であった。自民党議員への工作に関して、台湾側は岸信介、船田中、千葉三郎、福永一臣、堀越禎三らに対して、日台間の路線を維持するよう働きかけると同時に、親台湾的な議員の組織を設立するよう促した[24]。実際、灘尾弘吉を筆頭に、岸信介、石井光次郎、藤尾正行など計27名の自民党議員が発起人となり、1973年3月14日に日華議員懇談会が設立され、衆議院議員99名、参議院議員53名の計152名が会員となった。もっとも、航空路線の問題が浮上する以前から、台湾側は議員交流のかたちで日華断交により断絶した政府間チャネルを補うことを模索していた。しかし、日華議員懇談会は設立総会の際、日台航路の現状維持を政府に働きかけることを当面の方針として打ち出し、この争点を通じて自民党内での存在感を強めていったのである[25]。また、1973年7月にはさらに保守的な青嵐会も結成され、同年9月には中華民国との外交関係断絶一周年の訪台団を組織し、日中航空協定交渉をめぐる田中角栄首相と大平正芳外相を中心とする外交に対する批判を強めた[26]。宣伝工作に関しては、日中の航空協定交渉が進展しつつあった1973年11月、新聞局や外交部が中心となって『産経新聞』に「日本中華連合総会」など79の華僑団体の連名による広告を出し、航空路線問題に対する中華民国の立場を主張した[27]。

他方で、中国側は周恩来の指示の下、廖承志が前面に立って、対日航空協定交渉を進めた。廖承志は1973年4月16日から5月17日に中日友好協会訪日団の団長として日本を訪れ、この間、大平外相などと日中実務協定に関する意見交換を複数回行った。この時、廖承志は藤井勝志衆議院外務委員長と会談を行い、もしも日本に石油が不足しているならば、中国から日本への石油輸出が日本国内での需要を満たさない場合、さらに100万トンの石油を輸出できると提案した。この提案には後述するフィリピンやタイへの工作との共通点があり、日中実務協定交渉を推進すると同時に、日ソ接近を牽制するという意図があったと解釈することができる[28]。中国からの資源輸入という条件を日本側がどの程度考慮したのかは定かでないが、1973年8月に大平は訪中予定のあった河野謙三参議院議長に対し、日中航空協定交渉妥結の方策を探るよう依頼し、河野は廖承志から中国側の要求が明記されたいわゆる「周恩来メモ」を受け取った。日本側は10月末にこの「周恩来メモ」に対する回答を中国側に提示し、1974年1月には大平が日中貿易協定への調印という名目で訪中し、中国側から最後の譲歩を引き出した。その頃、中国では批林批孔運動が激化し、航空協定交渉を統括していた周恩来が激しく批判されると同時に、青嵐会を「日本軍国主義復活」の兆候と捉え、その「二つの中国」論を批判する動きもあった。しかし、中国国内の対日批判は青嵐会への批判に止まり、日本との航空協定締結の方針自体に変化は見られなかった

[29]。

1974年4月20日、日中航空協定が締結された。協定調印に伴い、大平は日本政府の認識として、台湾との航空路線継続を希望しつつも、「台湾の航空機にある旗の標識をいわゆる国旗を示すものとして認めておらず、中華航空公司を国家を代表する航空会社として認めていない」との談話を発表した[30]。これに対し、台湾の沈昌煥外交部長は「中共の威圧に屈服することによって、わが国の権益を損なういかなる事情をも絶対に容認できない」との声明を発表し、中華航空の日台航路への就航を停止すると同時に、台湾当局の管制下にある飛行情報区および防空識別圏への日本の航空機の進入を許可しないと宣言した[31]。日華懇など親台派与党議員80名以上が抗議の意を示して欠席するなか、日中航空協定は5月7日の衆議院本会議を通過した。1974年5月17日付の『人民日報』はこれを祝い、日中航空協定が日中間の「経済文化交流を強化する」にとどまらず、台湾との外交闘争における「勝利」であり、「二つの中国」や「一つの中国、一つの台湾」を画策する日本の親台湾派議員に対する「勝利」でもあると位置づけた[32]。

中華民国政府は、実利の面では日本との航空路線断絶に追い込まれたが、これを「対匪闘争」の観点から見れば、決して敗北ではないと認識していた。日本との航空路線断絶を決定した4月16日の日記に、蔣経国は「日本との航空路線断絶は、日華断交以来の要事であった。これは長期にわたり多方面について考慮した結果である。外交から言えば、不利になり、共匪の勢いが強まることは必須である。経済的にも、不利な部分が多く、国民の渡航は不便になる。しかし、これらの要因は国格や尊厳の問題に比べれば皆二次的な事柄である」と記した[33]。そして、国家安全局が1974年6月に作成した報告書によれば、「対匪闘争」や長期的利益の観点から、「尊厳と権益を損なわないという原則」の下で日台航路を回復することが次なる目標となった[34]。蔣経国の6月初旬の日記にも、「これから対日関係を強化する方策を講じるべきだ。これは対匪闘争を強化するために必ずやらなければならない工作であり、事の大小は問わず、感情的になってはいけない」と記された[35]。その理由は、次節で論じるように東南アジア情勢が大きく変化するなかで、「共匪に対する総合的な作戦を強化するためには、日本という戦場を放棄することはできず、自分が日本に対してどれだけ恨みをもっていたとしても、その関係は強化しなければならない」からであった[36]。

断交後の日台間の実務関係を担う機関として、日本側には財団法人交流協会、台湾側には亜東関係協会が設立され、亜東関係協会の駐日代表には、国民党第三組で長らく東南アジアでの海外党務を担い、「海外対匪工作統一指導委員会」を率いてきた馬樹礼が任命された。馬樹礼の回想によれば、かつての日台間にはコミュニケーション・チャネルが多すぎ、それが日本側に台湾は航空路線を断絶しないと認識させるなど誤解を生じる原因となっているというのが、亜東関係協会設立時に蔣経国と共有した問題意識であった[37]。そのため、馬樹礼は日台航空路線の回復に向けて、議員外交を中心とする対日工作を活発化させながらも、原則問題では容易に妥協せず、亜東関係協会が唯一の交渉チャネルとなることを重視した。その結果、この交渉を通じて日台間のコミュニケーション・チャネルは一本化され、亜東関係協会の日本における法的・制度的な地位が向上し、安定した[38]。

断絶した日台航路が回復へと本格的に動きだしたのは、日本の内閣が田中内閣から三木内閣へと交代した後であった。外相に就任した宮澤喜一は、1975年2月10日の記者会見で日台関係を修復する意思を表明した。その後、宮澤、木村睦男運輸大臣と馬樹礼らの間で日台航路回復に必要な政治的条件や日台民間航空取り極めに関する交渉が秘密裏に進んだ[39]。7月1日の第73回参議院外交委員会において、宮澤は「昨年の春のわが方の青天白日旗に対する言及が誤解を招いたことはまことに不幸なことであった」と述べた上で、多くの国が「青天白日旗を国旗として認識しているという事実」は、「何人も否定し得ないところ」であるとの認識を示した[40]。台湾当局はこの宮澤の国会答弁をもって、中華民国の「国家としての尊厳」が回復されたとみなし、1975年7月9日に日本と民間航空取り極めを締結した。

このとき、鄧小平や廖承志は宮澤の国会答弁を批判したが、中国政府から日本政府に対する公式な抗議が行われたり、報復措置が採られたりすることはなかった。ただし、日本との関係における台湾問題は、中国にとっても引き続き重要な問題であるとされた。日中航空協定締結後、日本と中国は海運協定や漁業協定を締結し、平和友好条約締結に向けた交渉へと進んでいった。その過程で、多くの議員団や友好団体などが中国を訪問したが、周恩来に代わって外交政策を統括するようになった鄧小平は彼らに対し、「日中関係における主要な問題はやはり台湾問題だ」と度々伝えた。それは中国から見ると「現在の政治的角度、アジア太平洋地域の国際政治的な角度、両国人民の利益のいずれから見ても解決されるべき問題」なのであった[41]。日中平和友好条約締結交渉における台湾問題の扱いについて、中国側は日中共同声明の立場を踏襲する立場を早期に固めていたが、1975年に入っても鄧小平が保利茂との会談時に「一つの中国、一つの台湾」の立場を採らないよう釘を刺していたのは、日本と台湾の実務関係強化を警戒していたためであると推測できる[42]。

4▸ 東南アジア諸国との外交関係をめぐる闘争

1970年代初頭の東南アジアでは、インドシナ半島において北ベトナム軍および民族解放戦線の攻勢が強まる一方で、1968年1月にイギリスがスエズ以東からの軍撤退を予告し、1969年7月にアメリカがアジアへの軍事的関与を見直すグアム・ドクトリンを公表するなど、かつての植民地宗主国の退潮傾向が見られた。ASEAN諸国は、中立化を掲げることで東西対立の影響から逃れ、域内の安全を確保するという発想をもち、1971年11月に東南アジア平和・自由・中立地帯宣言（ZOPFAN宣言）による地域の中立化構想を発表した。このことは、東南アジアの反共諸国と中国やソ連の交渉が可能となることを意味した。その後、1971年の国連中国代表権の交代、翌72年の米中接近と日中国交正常化は、ASEAN諸国が中国に接近する際のハードルを下げた。さらに、1973年1月にパリ和平協定が締結され、1975年4月に南ベトナムの首都サイゴンが陥落するなかで、ベトナム戦争後の東南アジアにおけるソ連の影響力拡大が懸念されるようになり、中国とASEAN諸国の間で互いの戦略的重要性が高まった。

このような国際情勢の変化を背景に、中国は1970年代前半にアジアの周辺諸国に対するスポーツ外交を積極的に展開した。これは相手国との関係強化のみならず、各種競技の協会や大会における中国代表権問題や台湾への統一戦線工作とも密接に関わっていた。最も象徴的であったのは、卓球を介した工作である。1971年4月に日本で開催された世界卓球選手権に中国代表選手団が参加したことが、米中間の「ピンポン外交」へと繋がったことはよく知られている。その背景には、アジア卓球連盟における中華民国の代表権問題があった。当時の日本卓球協会会長であった後藤鉀二が中国政府に世界卓球選手権への参加を打診すると、中国側はアジア卓球連盟からの中華民国除名をその条件とした。1971年のアジア卓球連盟総会で、後藤は中華民国除名を提案したが、韓国やマレーシアなどの反対に遭った。その後、日本は同連盟を脱退、翌年中国などとアジア卓球連合を創設し、中国は1972年9月にアジア卓球連合によって開催されたアジア選手権の主催国となった[43]。この時、タイの選手団には、後に「タイのキッシンジャー」と呼ばれる中国系タイ人有力者プラシット・カンチャンワット（Prasit Kanchanawat、中国名を許敦茂）が随行し、廖承志、韓念龍（外交部副部長）、李強（対外貿易部副部長）、そして周恩来とも会談した。一連の会談で、中国とタイは台湾問題をはじめ外交関係樹立の条件を整えるには時間がかかるが、まずは経済、技術、文化やスポーツの側面から関係を強化することに合意した[44]。

1973年6月には中国の卓球チームがマレーシアとタイを訪問したが、この選手団を率いた外交部幹部は、マレーシアで同国外務省の幹部と会い、外交関係を樹立するための具体的な条件について意見を交換した。平川幸子の研究によれば、これは国連代表部で中国とマレーシア間の外交関係樹立へ向けた第1回交渉が行われ、双方の立場が平行線を辿った頃であり、この幹部のマレーシア訪問が交渉を前に進める役割を担った[45]。中国とマレーシア間の主要な問題は、①マレーシア共産党問題、②華僑問題、③台湾問題であったが、両国の政府はこれ以降、14回の交渉を通じてこれらの問題について徐々に歩み寄った。そして、1974年5月にアブドゥル・ラザク（Abdul Razak）首相が中国を訪問し、外交関係を樹立するに至った[46]。

上記のようなスポーツ選手団はいずれも、表向きは交流を目的とし、特に相手国の華僑を熱狂させたが、政府要人同士の往来を伴い、中国と諸国の外交関係樹立へ向けた地ならしの役割も担っていた。また、中国の国際的なスポーツ協会や大会への参加は、メンバーシップの問題では中華民国の代表権を排除しつつも、「台湾同胞」の中国チームへの参加を歓迎し、統一戦線工作の性格を強く帯びていた。例えば、1973年秋に中国卓球協会が「アジア・アフリカ・ラテンアメリカ卓球友好招待競技会」を行った時には、諸国から選手団を迎え入れると同時に、海外に在住する台湾省籍選手にも積極的に参加を呼びかけた[47]。同じ頃、中国はアジア競技連盟に加入し、中華民国代表は除名されたが、そのアジア大会に際して、中国は台湾省籍の選手も自国の選考会に参加できる旨を呼びかけた[48]。

1973年秋、第四次中東戦争を契機として第一次石油危機が発生すると、当時国内油田の開発に成功しはじめていた中国は、廉価な石油の供給を外交カードとして利用した。既述のように、中国は日本に対しても、航空協定交渉の過程で石油の売却を持ち掛けた。しかし、とりわけフィリピンおよびタイとの関係において、石油の供給は中国との外交関係樹立を大きく後押しし、南ベトナムでサイゴンが陥落すると、この2か国は即座に中国との外交関係樹立へと踏み切った。

1973年末に中国はフィリピンへ訪問団を派遣し、「友好価格」による石油供給の要否を打診した。1974年3月に、イメルダ・マルコス（Imelda Marcos）大統領夫人の叔父であるエドゥアルド・ロムアルデス（Eduardo Romualdes）駐米大使がバスケットボール選手団を率いて訪中した際、彼は周恩来と会談し、マルコス政権が中国との外交関係樹立の意思を固めたことを伝えた[49]。これに続いて、1974年9月にはイメルダ自身が訪中し、中国との貿易取り決めを締結した。この時、周恩来はイメルダと会談し、外交関係を樹立する際には「台湾と断交」しなければならないこと、日本やマレーシアもこの前提に立って中国との外交関係を樹立したことなどを伝えた[50]。その後、中国とフィリピンの駐日大使が両国の代表となり、東京にて国交正常化交渉を進めた。交渉の主要な争点は、①海洋問題、②台湾問題、③華僑問題であったが、これらの問題を東京で解決した後、1975年6年にフェルディナンド・マルコス（Ferdinand Marcos）大統領が訪中し、国交正常化に至った[51]。

タイに対しても、中国は1973年末に「友好価格」による石油の供給を申し出た。これに対し、タイ議会は中国商品の輸入禁止令を廃止し、チャートチャイ・チュンハワン（Chatchai Choonhavan）外相を訪中させ、石油購入を決定した[52]。1973年12月に初めて中国を訪問したチャートチャイは、中国政府と5万トンのディーゼル油購入契約を結んだ。また、1975年1月にもチャートチャイは訪中し、7万5000トンのディーゼル油購入契約を結んだ[53]。この1975年の契約に先立ち、タイ議会は1974年12月に対中貿易禁止の革命団布告第53号を廃止し、工業部長を団長とする貿易訪問団が訪中していた。そして、1975年3月に成立したククリット内閣は中国との関係正常化を掲げ、6月末に自ら訪中して国交正常化を成し遂げた[54]。

国民党は、外交チャネルや「海外対匪闘争」を通じてこれらの諸国と中国の接近を食い止めようとしたが、変化する国際情勢の中で、各国の状況を変えることは困難であった。台湾とマレーシアの間には領事級の外交関係しかなかったが、1960年代以降貿易関係は拡大傾向にあり、マレーシアから台湾へ多くの華人留学生が渡っていた。中華民国政府は、1970年にマレーシアと経済協力協定を締結しており、断交後は当時の経済部長であった国民党テクノクラートの孫運璿が領事館閉鎖やその後の実務関係に関する交渉にあたった[55]。台湾とフィリピンの関係はより緊密であり、台湾側はフィリピンの華僑・華人団体を通じた宣伝やより直接的な説得工作により、何とかフィリピン政府との断交を遅らせようとした。国民党は、マルコス大統領の叔父で、元駐台北大使であったナルシソ・ラモス（Narciso Ramos）を通じた説得工作も行った[56]。ラモスは、断交後に設置されたフィリピン駐台湾機構の初代代表となる[57]。タイに対しても、中華民国政府は軍部や王室など、元々繋がりの強かったアクターを通じて同様の説得工作を行った。

蔣経国は、ASEAN3か国との断交を、国連からの撤退と日本との外交関係の断絶に続く、中華民国外交にとって甚大な打撃であると位置付けた。タイとの断交が近づいた1975年6月28日の日記に、蔣経国は「フィリピンに続き、タイが共匪を承認することは、国連からの退出以来最大の打撃であり、この打撃はフィリピンやタイから来たものではなく、共匪によってもたらされたものである」と記した[58]。7月9日の日記でも、蔣経国は「敵が我の心身を動揺させようとする時に動揺しないことが、敵に勝つ秘訣だ」と綴りつつ、「インドシナ半島が匪共の手に落ち、タイとフィリピンが続けて共匪を承認し、我と断交したことは、第一の外交挫折である国連からの退出、対日断交という第二段階に続く、第三段階だ」と嘆いた[59]。

それ以降の東南アジア諸国においても、蔣経国は「対匪闘争」を諦めた訳ではなかった。過去の実務関係と闘争を通じて築かれたチャネルは、中華民国政府が諸国と断交した後も、非公式な関係を継続し発展させることに寄与した。台湾とマレーシアの間には「極東貿易旅行センター」、フィリピンとの間には「太平洋経済文化センター駐マニラ事務所」、タイとの間には「中華航空駐バンコク代表事務所」が設けられ、現地での領事業務などを担った。また、それぞれの国で活動していた国民党系の華僑団体やメディアなどは、基本的には現地に残り、「対匪闘争」を続けた。ただし、中国と外交関係を樹立した東南アジア諸国において、国民党系団体やメディアは中国政府からの働きかけを受けた現地政府による規制を受けやすく、国民党が「対匪闘争」を行う空間は狭まっていった。

5▸ 国際秩序の変容と中台間の正統性をめぐる相克

本論文は1973年から1975年の期間において、国民党と共産党がアジアの近隣諸国を舞台として行ってきた闘争を分析した。その結論として、以下の三点を指摘したい。

第一に、近隣諸国における国共闘争から、この時期の「中国」としての正統性、互いの発展や生き残りをかけた闘争の様態と、双方の指導部の認識の変遷を理解することができた。このような闘争が生まれた背景として、1971年の国連中国代表権の交代や、1972年の米中和解と日中国交正常化があったが、国交正常化後の日本との関係において、何を獲得し、守ることができるのか、その影響を受ける東南アジア諸国との関係がいかなるものとなるのかは、その時点ではまだ流動的であった。そうであるからこそ、共産党は日中国交正常化の直後に対台湾統一戦線工作を再開したし、国民党は「対匪闘争」が引き続き重要であるとの姿勢を崩さず、その内容を見直そうとした。

当時の「闘争」の争点は、共産党から見れば、近隣諸国においてどれだけ国民党を孤立させ、「統一」へと追い込むことができるかであった。これに対し、国民党にとっての争点は、諸国とのそれまでの関係をいかに維持し、共産党の統一戦線工作にいかに対抗するかであった。日本や東南アジア諸国での闘争は互いに連動しながら、次第に新たな均衡点へと向かっていった。通常の中国をめぐる戦後国際政治史においては、1972年前後の国際秩序の転換を強調する「1972年体制」論や、中国がアメリカとの国交正常化まで成し遂げ、改革開放へと転じた時点を強調する「1979年分岐」論に立った説明がなされることが多い。しかし、1972年から1979年の間に存在したひとつひとつの闘争と、それらが連動しながら漸進的に中国・台湾と新たな国際秩序との関わりが形成されたという視点も重要であろう。

第二に、本論文の分析を通じて、当時の国共間の闘争の形勢を決定づけた要因について、より多元的に理解することもできた。多くの研究がすでに指摘しているように、国際秩序の変容がこの時期の闘争の形勢を決定づけた最大の要因であることは間違いない。しかし、共産党の統一戦線工作と国民党の海外対匪闘争の間に違いがあったことも浮き彫りになった。本論中で引用した国民党の会議録や報告が自覚していたように、国際秩序の変容を追い風に、共産党はピンポン外交のようなソフトパワーや、石油のような資源を利用して、国民党を次第に追い込んだ。また、中国は近隣諸国に接近するという目標のためには、過去の華僑政策を変更し、革命輸出も放棄するなど、台湾問題以外の争点をめぐる原則的な立場を変更し、それをアピールすることを厭わなかった。これらに比べると、当時の中華民国・国民党の近隣諸国に向けた工作は原則を掲げるのみで、柔軟性に欠け、新たに切ることのできる魅力的なカードにも乏しかったと言える。

最後に、この時期の闘争のなかで、中台双方の指導部がともにそれ以降の闘争が長期化するという認識を持っていたことは興味深い。例えば、中国の喬冠華外相は、台湾は中国の外交政策において最も安全であると同時に、最も危険な領域でもあると分析していた。なぜなら、中華民国はこの地域においてもはや正統性を持たないが、この地域の諸国と引き続き実質的な関係をもっていたからである[60]。他方で蔣経国は、政権の団結さえ維持できれば、将来いつか中華民国が地域における優位を取り戻すことができのだと、しばしば日記に綴った[61]。つまり、これは「中国」としての正統性をめぐる共産党と国民党の最後の闘いであったと同時に、地域における実質的な存在感や地域諸国との実務関係をめぐる、両者の新たな闘いの始まりでもあったと位置付けることができよう。

※本稿はJSPS科研費17KK0053およびJFE21世紀財団・アジア歴史研究助成（2019年度）の助成を受けたものである。

註

1 ――福田円『中国外交と台湾』（慶應義塾大学出版会、2013年）41-43頁。

2 ――同上、98頁。および「中共中央関於加強和平解放台湾工作的指示（1956年7月29日）」福建省档案（档号101-5-841）、同指示は、総政治部連絡部編『敵軍工作資料』（総政治部連絡部、1989年）44-45頁にも掲載。

3 ――童小鵬『風雨四十年』（北京：中央文献出版社、1996年）274頁。

4 ――前掲「中共中央関於加強和平解放台湾工作的指示（1956年7月29日）」。

5 ――福田『中国外交と台湾』209-211頁。

6 ――「中共中央対台小組関於第十次会議情況向中央的報告」総政治部連絡部編『敵軍工作資料』106頁。

7 ――本田義彦『日・中・台視えざる絆――中国首脳通訳のみた外交秘録』（日本経済新聞社、2006年）280-283頁、中共中央文献研究室『周恩来年譜　下巻』（中央文献出版社、1997年）580頁。

8 ――1950年代からの二・二八記念集会の継続、中断および再開については、中川昌郎「中国における台湾問題―二・二八記念集会をめぐって」衛藤瀋吉編『現代中国政治の構造』（日本国際問題研究所、1982年）第8章を参照のこと。

9 ――「在記念台湾省人民『二・二八』起義二十六周年座談会上廖承志同志的講話」『人民日報』1972年3月1日。

10――「中国共産党第十次全国代表大会上的報告」『人民日報』1973年9月1日。
11――陳慶『中共対台政策之研究』(五南出版社、1990年) 22-24頁。
12――王泰平主編『中華人民共和国外交史　第3巻』(世界知識出版社、1999年) 17頁。
13――葉川睿「中国国民党海外党務発展(1950-1962)」(国立曁南国際大学歴史学系研究所修士論文、2011年) 115頁。
14――同上、116頁。
15――同上、119、120頁。
16――同上、126-134頁。
17――中国国民党『国民党十次全国代表大会報告文件』(1969年) 488頁。
18――外交部档案に残された記録では、第279回会議(1969年9月5日)から第332回会議(1972年3月3日)までの記録が「陸海光(一)～(十三)」のファイルに収められているが、コードネームが変わったり、委員会が終了したりした正確なタイミングや理由は記録されていない。「海外対匪闘争工作統一指導委員会第279次会議記録」『陸海光(一)』中華民国外交部档案(711.18/1)国史館所蔵(020000016981A)、および「海外対匪闘争工作統一指導委員会第332次会議記録」『陸海光(十三)』中華民国外交部档案(711.18/13)国史館所蔵(020000016993A)。
19――「海外対敵工作協調会報第一次会議記録」『海外対敵工作協調会報(一)』中華民国外交部档案(707.5/365)国史館所蔵(020000014967A)。
20――「海外対敵工作協調会報第二次会議記録」『海外対敵工作協調会報(一)』中華民国外交部档案(707.5/365)国史館所蔵(020000016950A)。
21――陳裕清「海外地区対匪闘争工作報告」『中国国民党第十届中央委員会第五次全体会議』(中国国民党、1974年)。
22――「日台航空関係(1972年12月1日)」『中日航空』中華民国外交部档案(042.1/89012)中央研究院近代史研究所所蔵。
23――「中日空運問題説帖(1972年2月)」『中日航空』中華民国外交部档案(042.1/89012)中央研究院近代史研究所所蔵。
24――陳冠任「日華断交後的双辺航権交渉(1972-1975)」『政大史粋』第16期(2009年6月)、112頁。
25――徐年生「戦後日台関係における日華議員懇談会の役割に関する研究」『ジュニアリサーチジャーナル』第10号(2004年1月) 127、132頁。
26――福田円「日中航空協定交渉」高原明生・服部龍二編『日中関係史1972-2012 I 政治』(東京大学出版会、2012年) 71-98頁。
27――陳冠任「日華断交後的双辺航権交渉(1972-1975)」124-125頁。
28――同上、114-115頁。
29――福田「日中航空協定交渉」71-98頁。
30――「日中航空協定調印に際しての大平外務大臣談話(1974年4月20日)」小倉和夫『記録と考証　日中実務協定交渉』(岩波書店、2010年) 79頁。
31――「我宣布与日本断航」『中央日報』1974年4月21日。
32――「祝賀中日航空運輸協定的簽訂」『人民日報』1974年5月17日。
33――『蔣経国日記』1974年4月16日、スタンフォード大学フーバーアーカイブ所蔵。

34――「中日断航之検討与今後之対策（1974年6月）」『中日航空』中華民国外交部档案（042.1/89006）中央研究院近代史研究所所蔵。

35――『蔣経国日記』1974年6月2日。

36――同上、1974年6月3日。

37――馬樹礼『使日十二年』（聯経出版社、1997年）52頁。

38――同上、88-91頁。

39――同上、67-81頁。

40――『第七五回国会参議院外務委員会会議録』第17号（1975年7月1日）。

41――外交部档案館主編『鄧小平外交活動大事記』（世界知識出版社、1998年）103、104頁。

42――同上、118頁。

43――鄭躍慶「『ピンポン外交』と後藤鉀二」『愛知淑徳大学現代社会研究科研究報告』第2号（2007年）39-44頁。

44――楊行・李霊『泰中建交開路先鋒』（出版社不明、1997年）125-150頁。

45――平川幸子『「二つの中国」と日本方式』（勁草書房、2012年）153-155、213頁。

46――王泰平主編『中華人民共和国外交史　第3巻』90-91頁。

47――陳榮龍、謝俊主編『海峡両岸関係大事記』（中共党史出版社、1993年）199-200頁。

48――同上、200-202頁。

49――平川『「二つの中国」と日本方式』213頁、王泰平主編『中華人民共和国外交史　第3巻』93頁。

50――中共中央文献研究室編『周恩来年譜　下巻』675頁。

51――王泰平主編『中華人民共和国外交史　第3巻』94-95頁。

52――平川『「二つの中国」と日本方式』214頁。

53――銭復『銭復回憶録・巻一』（天下遠見出版社、2005年）303頁、「中央通訊社参考消息（番号なし、1975年4月9日）」『中共與泰国関係』中華民国外交部档案（005,2/0002）中央研究院近代史研究所所蔵。

54――楊行・李霊『泰中建交開路先鋒』151-165頁。

55――平川『「二つの中国」と日本方式』161-162頁。

56――同上、191-194頁。

57――銭復『銭復回憶録・巻一』303頁。

58――『蔣経国日記』1975年6月28日。

59――『蔣経国日記』1975年7月9日。

60――「喬冠華関於当前世界形成及中共対外政策的講話（1975年5月20日）」国立政治大学国際関係研究中心編『中共機密文献彙編』（国立政治大学国際関係研究中心、1978年4月）395-411頁。

61――例えば、『蔣経国日記』1975年5月31日、6月17日など。

第6章

海洋国家としてのフランス
――「インド太平洋」をめぐる国際政治

宮下雄一郎 MIYASHITA Yuichiro

1▸ フランスとポスト植民地帝国の残滓

フランスはユーラシア大陸の西の端に位置する国家の一つであり、西ヨーロッパの大陸国家である。その国土は大西洋、地中海、そして英仏海峡という海洋上の戦略的要衝に面しており、西ヨーロッパ随一の海洋国家でもある。歴史上、フランスはイギリスに及ばずとも同国と双璧をなす海軍を保有し、植民地帝国を構築した。そのため、イギリス同様、脱植民地化の動きに直面し、第一次インドシナ戦争とアルジェリア戦争という20世紀を代表する戦争を経験した。

イギリスと異なるのは、脱植民地化の衝撃を受けつつも、植民地を海外領土として編成し、憲法に基づく制度的根拠を付与しながら、それらの一部を維持したことである。そのため、ヨーロッパの国家でありながら世界で類例を見ないような、各地に領土と領海を持ったアクターとして存在し続けている。そこにはインド洋と太平洋も含まれており、日本を軸に発展した「インド太平洋」という概念はフランスの国益に直結する[1]。イギリス、オランダ、あるいはドイツといったような同じくヨーロッパの国家がインド太平洋地域に関与するのとは異なる、安全保障上、経済上の利益が関わってくるのである。

こうした海外領土のおかげでフランスは、世界第2位の排他的経済水域を誇っており、その9割以上がインド太平洋地域に集中している。領域的なプレゼンスは、その領域を取り巻く地域に一定の影響力を及ぼす可能性を担保し、それが国家のパワーの増強にもつながる。それらの地域に外交・軍事・経済の各面で関与する必要性に迫られるからである。同時に、広大な領域を保持することは、それを維持し、防衛する資源があればパワーに還元されるものの、ない場合には逆に負担となる可能性を宿していることも意味する。かつて、北アフリカをはじめとしたアフリカ大陸での植民地帝国の保持に集中するため、インドシナを放棄する意見が出たのはそのためである。

フランスのインド太平洋への関与を通して見えてくるのは、世界でも唯一、主要な海洋で領域を有する国家の強さと弱さである。インド太平洋へのプレゼンスはたしかにフランスを大国として存在させるための要因である。だが多くの問題を抱えることも事実である。本章の目的はそうしたフランスのインド太平洋をめぐる現実を明らかにすることである。

2▸ インド洋と太平洋のフランス

2018年5月、エマニュエル・マクロン（Emmanuel Macron）大統領はオーストラリアとニューカレドニアを訪問し、フランスのインド太平洋戦略を明らかにし、同地域を国際政治上の重要な地域と捉えていることを明示した。フランスにおけるインド太平洋概念の受容を一層高めることを喧伝した場所としてこの二つの地域を選んだことは象徴的である。インド太平洋でフランスが要の国家と考えていたのがオーストラリアであり、さらにはフランスの保有する海外領土の要がニューカレドニアだからだ。

マクロンがニューカレドニアのヌメアの演説で述べたのは、フランスとインド太平洋地域の一体性であり、運命共同体であるということであった。そしてフランスがインド太平洋地域におけるまごうことなきパワーであると強調した。そうした一方で、これまでフランスは同地域への配慮が足らず、自らの身を切るような状況に陥っていたことにも言及した[2]。

オーストラリアとニューカレドニアという場でインド太平洋へのフランス

の関与を主張したことは、象徴的であるとともにすぐれて政治的な選択である。それは次のような理由による。フランスにとってインド太平洋地域をめぐる問題は他国と同様、外交上の問題である。だが外交にとどまらず、色濃く内政上の問題でもあるからだ。

フランスが自国を大国とする根拠の大半は、経済面よりも外交面での要素が多い。人口や国内総生産といったような数値ではなく、安全保障理事会の常任理事国であること、核兵器の保有国であること、そして広大な排他的経済水域を含む領域を持っている国家であることなどだ。そして国際秩序の現状維持を保ちながらも、自らが第一義的な役割を果たす枠組みを構築しようとする傾向がある。2018年5月にマクロンがオーストラリアとニューカレドニアにおけるフランスの大まかなインド太平洋地域での指針を表明した1年後、フランス軍事省がインド太平洋戦略を発表した。そこでもインド太平洋地域に関与する責任の2つの根拠として挙げられているのが、1つは同地域の当該国であることと、もう1つは安全保障理事会の常任理事国であることだ。二国間関係を強化する国家として、アメリカを筆頭に、インド、オーストラリア、そして日本が列挙される一方で、「グローバル規模での責任を有するヨーロッパ、インド太平洋国家」と自らを定義し、責任と明記し、秩序構築に際し、積極的な役割を果たそうとしていることもうかがえる[3]。あくまでも「現状維持のなかでの秩序構築」であり、大きな国際秩序のなかで秩序の一部を築くことであると言えよう。それを象徴する出来事が、フランス主導による、2021年9月の欧州連合（EU）のインド太平洋戦略策定である。実際にはEU加盟国のインド太平洋に対する関与の度合いには激しい濃淡があり、さらにはインド太平洋の「裏側」にある中国の台頭への対応についてもEU加盟国の立場は異なる。EUのインド太平洋戦略も当然のことながら加盟国で温度差のある争点を避けた内容となっている[4]。そうしたなかで、インド太平洋の主要パワーとしてフランスを定着させたいマクロンは、2020年10月15日付けで、インド太平洋問題担当大使としてクリストフ・プノ（Christophe Penot）を任命したのである。この大使の大きな役割の一つがEUのインド太平洋戦略の策定であった。フランスはEUとして関心を持つことに意義を見出したのである。いわば、自国の抱える課題に関し、自国を主軸としつつも、他のEU加盟国も関与させる試みである。

フランスは自らの外交を推進するのみならず、EU加盟国の外交をそれと合致させようと試みた。それはEUの「お墨付き」を得ることでフランスの外交方針と軍事作戦の正当性を補強するとともに、負担軽減にもつながるからだ。

先例としてあるのがフランスによるアフリカのマリを中心としたサヘル地域への介入である。2013年1月11日、イスラム過激派の武装勢力の跋扈に悩むマリ政府の要請に応じ、フランスは「セルヴァル作戦」を発動し、軍事介入した。翌年には、それまでチャドで実施していた「エペルヴィエ作戦」と一体化させ、「バルカンヌ作戦」として、マリとチャドのほか、モーリタニア、ブルキナファソ、そしてニジェールと協力しながらサヘル地域でのイスラム過激派の掃討作戦を実施することになったのである。すでに「バルカンヌ作戦」でも2018年以降、イギリス、エストニア、デンマークなどの支援を得ていたが、マクロンはより大々的なEUの介入を望んだのである。その結果、2020年3月には、フランス主導でのEUのサヘル地域への介入に関するEU加盟11か国による共同宣言が署名されたのである。実際に関係各国が派兵するのには時間がかかり、2022年はじめ、エストニアが参加したのに続き、チェコ、スウェーデン、イタリア、そしてギリシャなどが参加した[5]。もっとも、マリ政府に不信感を持ったフランスは、2021年6月にマリにおける「バルカンヌ作戦」の終了を発表し、EUのタスクフォースである「タクバ」も2022年2月には参加国によって終了が発表され、6月には参加国の撤退が完了し、7月1日、マクロンは公式に「タクバ」の終了を発表した。EUの関与が実効的に行われ、地域の安定に寄与したとは言えないであろう。このEUの巻き込みに失敗したフランスの影響力の低下を見込み、それをさらに加速させるべく、マリに介入したのがロシアである。その軍事的なプレゼンスを担ったのか民間の軍事組織であるワグネルだ。

フランスは、サヘル地域において、EUの枠組みをとおして自国主導の秩序回復という目標を達成しようとした。インド太平洋でもフランスが策定した戦略にEUを引き込もうとしたと言えよう。だが、戦略の誕生にはこぎつけたものの、インド太平洋ではサヘル地域同様、あるいはそれ以上にEUレベルで実効的な役割を果たす段階にはない。

そのようなわけで、フランスがインド太平洋における国際政治において重視しているのは、日本、オーストラリア、そしてインドとの二国間関係である。とりわけ豪印両国についてはフランスの兵器の主要な輸出先ということもあり、関係を重視している。そこにはインド太平洋パワーとしての自覚から、秩序を構築する過程でフランスも主導権を発揮したいという思惑が働いている。

フランスはインド太平洋でのアメリカの圧倒的な地位を受容している。その一方で、そうした状況を認めつつも、現場での地道な活動を通じて秩序の維持を目指すなかで、主要な役割を果たすことを模索している。その典型例が1992年12月22日に調印されたFRANZ協定である[6]。これは自然災害などに際し、フランス、オーストラリア、そしてニュージーランドが、被害を受けた地域を迅速に支援するためのメカニズムである。海上での武力紛争の可能性よりも自然災害の勃発の方がはるかに深刻であり、フランスの「兵站」での力量を発揮させる機会となっている。2022年1月15日のトンガの火山噴火に伴い、FRANZメカニズムが発動され、偵察や緊急援助が行われた。飲料水、電源供給、水の脱塩処理、通信インフラの設定、医療・衛生器具の提供など、被災者に必要不可欠な設備と物資を用意したのである。トンガの要請に基づき、FRANZの議長国フランスが支援枠組みを用意し、実施したのである[7]。これは既存研究が明示しているように、「その人道上の性質以上に、フランスの太平洋におけるパワーとしての存在を誇示することを可能にさせている」のだ[8]。さらにFRANZ協定は、地域の主要な国家であるオーストラリアとニュージーランドとの海洋秩序を維持させるための協力を制度化させ、持続的な協力枠組みとなっている。とりわけフランスにとってオーストラリアは重要な地域アクターである。

3▸ フランスのインド太平洋におけるジレンマ

フランスのインド太平洋戦略に登場する要のアクターの一つがオーストラリアである。

第二次世界大戦後のフランスがオーストラリアを含むオセアニア地域に軍事戦略上の価値を見出すようになったのは1960年代になってからである。それはフランスの核実験場として利用したからである。1966年から1996年の間に、フランス領ポリネシアのムルロア環礁とファンガタウファ環礁で大気圏内核実験41回、地下核実験に関しては152回にわたり実施された[9]。その結果、フランスは日本を含む太平洋沿岸諸国の批判の的となった。とりわけオセアニア諸国は強い拒絶反応を示したのである。1995年から1996年にかけてフランスは「駆け込み核実験」を複数回実施し、ようやく核実験場を閉鎖し、包括的核実験禁止条約に署名し、発効要件国の一つが批准を済ませることとなった。この条約の署名もそうだが、フランス領ポリネシアに対しても、住民の怒りを鎮静化させるため、より高度な自治と核実験の度に投下してきた補償金の打ち切りの代わりとなる予算配分を実施することとなったのである[10]。

この一連の核実験の打ち止めがフランスの太平洋における国際関係の転換点となった。1996年2月23日、フランスは核実験場の閉鎖を発表し、その後は加速度的にオセアニア地域の国家との関係を改善させた。とりわけ地域最大の国家であるオーストラリアとニュージーランドとの関係が好転し、外交面、経済面でフランスの存在感が高まったのである[11]。オーストラリアはフランスを太平洋におけるパートナーと捉えるようになり、フランスの積極的な役割を歓迎するようになった。インド太平洋という概念が一般化する前からフランスは同地域での存在感の向上をはかっており、オーストラリアとの関係改善はそうした目標と合致したわけだ。

インド太平洋の主要なアクターであると主張したフランスは実際のところ自らイニシアティブをとって、海洋秩序を構築しようとしたわけではなく、あくまでも地域の中軸国家であるオーストラリアが音頭をとる活動に乗るかたちで役割を果たそうとした。それは1999年9月の東ティモール国際軍（International Force in East Timor, INTERFET）へのフランスの参加に見られる。核実験を行わなくなり、地域秩序の「攪乱国家」とみなされなくなったフランスにとって大きな前進となったのがINTERFETへの参加であった。インドネシアからの独立をめぐり混乱を極めていた東ティモールの秩序回復に主導的な役割を果たし、INTERFETの指揮をとったのがオーストラリアであり、最大の兵力を派遣した[12]。フランスはオーストラリアを支え、早々に500名の人員の派遣を決定し、主に医療面で国際軍に貢献したのである[13]。

インド太平洋概念はそれを提唱する国家の間で共通理解があるわけではなく、幅の広い概念である。フランスからしてみれば、地域に根付いたオーストラリアはアメリカと異なり、中国脅威論に圧倒的な軸足を置くアメリカとは距離を置いた考えを持った国家として協調できるのではないかと期待していた[14]。そのようなわけで2016年、オーストラリアがフランスの潜水艦を購入する契約を締結した際には、フランスがインド太平洋での地歩を固め、オーストラリアとの強固な関係を築き、フランスが海洋秩序を担う大国としての役割を確固たるものにしたとも言えたのである。2013年のシャングリラ・ダイアローグでフランスのジャン・イーヴ・ル・ドリアン（Jean-Yves Le Drian）国防相が「フランスはインド太平洋地域の大国である」と演説したのを受け、中国の代表が「フランスはヨーロッパの国家である」と皮肉を込めて応じたが、フランスもまた単独でインド太平洋で相応のパワーを発揮できるとは考えておらず、強力なパートナーを必要としている[15]。しかも、フランスが一定の影響力を保持できるような相手でなければならず、アメリカではそれが実現しないのだ。オーストラリアはまさに打ってつけの相手であったというわけだ。こうしたフランスの目論見が2021年に崩れた。

フランスの理想とする地域秩序は兵器の輸出と一体であり、オーストラリアは輸出先としても多大な期待が寄せられていた。だが、オーストラリアはフランスの通常動力型の潜水艦の共同開発ではなく、アメリカとイギリスの支援の下、原子力潜水艦の購入に切り替えたのである。フランスの企業が契約破棄によって打撃を受けたという話にとどまらず、米英豪の安全保障協力枠組み（AUKUS）の設立と一体で契約が破棄されたことにより、フランスのインド太平洋における位置づけそのものが打撃を受けたのである。2022年に入り、オーストラリア政府は、フランスの造船企業ナヴァル・グループに和解金5億5500万ユーロ（約780億円）を支払うことで合意した。豪仏関係の関係改善を目指した措置である[16]。フランスは悪化したオーストラリアとの関係を早期に改善させ、アメリカとイギリスについては不信感が双方に漂っただけで関係悪化とまではいかなかった。とりわけフランスは、外交面での事前調整の不足を認めたアメリカとの間で、2021年12月17日、2年越しの交渉の結果、両国の海軍の間で作戦面での協力枠組み（Strategic Interoperability Framework, SIF）を締結し、相互の情報の提供と交換がより円滑に進められるようになったのである[17]。

こうしてフランスの「潜水艦危機」は、外交上の不満を表明し、アメリカとオーストラリアがそれをなだめるというかたちでおさまった。とはいえ、この一件にフランスのインド太平洋地域におけるジレンマが垣間見え、それが構造的な問題であるように見受けられる。すなわち、フランス自らが「インド太平洋のパワー」と自認し、秩序の構築に一定の役割を果たそうと試みても、主要な同盟国や協力国がそうは認識していないという点が鮮明に出たということである。巨大な兵器産業を抱えるフランスは、兵器の輸出と安全保障上の友好国を重ね合わせることで輸出先の地域での実体的な存在を高めることを目指していると言えよう。つまり、オーストラリアへの潜水艦の売却が頓挫したということは、インド太平洋地域において友好国と緊密な関係を構築し、重要なパワーとして認識される度合いに傷が付いたということを意味する。

だからといってフランスが主体的にインド太平洋に関与する契機そのものがなくなったわけではない。もう一つの有力な地域大国であるインドには潜水艦を6隻売却し、フランスとスペインの共同開発したスコルペヌ級潜水艦のライセンスをインドが取得し、同地で一貫して製造してきたカルヴァリ級の潜水艦「ヴァグシーア」が2022年4月20日に進水した。またインド空軍はフランスのラファール戦闘機を運用しており、両国の軍事関係は緊密である。2021年時点で世界第3位の兵器輸出国であるフランスの輸出先は、エジプトを筆頭に、ギリシャ、クロアチア、そしてインドと続く。フランスは世界規模で軍事力展開できる大国としての自負、そしてそれを補完する兵器輸出大国としての実績の両輪でインド太平洋地域に関与し続けるであろう。

4▸ インド太平洋におけるフランスの展望

フランスがインド太平洋において目指しているのは「主導権を発揮するパワー」という議論がある[18]。本章で見てきたように、その主導権の発揮方法は、単独で行うのではなく、あくまでも地域の主要なパワーとの協調のうえで実現させるというものである。オーストラリアが主要なパートナーとして期待されていた。ところがオーストラリアがAUKUSの枠組みに入ることで、フランスの思惑は外れた。「潜水艦危機」は関係の悪化としては一過性のものであり、自然災害に際しての協力などには決定的な影響を及ぼさなかったものの、フランスのインド太平洋における戦略的な位置づけについては見直しを迫られることとなった。インドはあくまでもインド洋でのパートナーであり、太平洋では別のパートナーが必要となる。

そうしたなか、フランスが注目したのが日本である。すでに共同訓練などを通して日仏の安全保障面での協力関係は進展していた。2017年にはフランスの若い海軍軍人の訓練作戦である「ジャンヌ・ダルク2017」の枠組みで強襲揚陸艦「ミストラル」が長崎県の佐世保港に入港し、海上自衛隊の部隊を乗せ、英米両国も加わり、日本海、テニアン島近海、そしてグアム島で上陸訓練、そして相互運用性を高めるための訓練を行った[19]。2021年には同じ練習艦隊も加わり、日米豪仏の共同訓練「ARC21」の枠組みで、海上自衛隊の第2護衛隊群との海上での訓練のみならず、九州の霧島演習場で5月、陸上自衛隊とアメリカの海兵隊に加えて、初めてフランス陸軍が参加し、離島奪還を見据えた訓練を行った[20]。

中国の軍事的な海洋進出を念頭に、自由が普及し、国際法に基づく秩序を土台としてインド太平洋を目指すという意味では、協力相手国がオーストラリアであろうと日本であろうと、フランスの同地域に関与する論理は変わらない。ただ、本稿で見てきたように、オーストラリアへの兵器輸出というフランスの国益と直結した思惑とは異なる論理で日本との安全保障上の関係を構築しているのもまた事実である。いわば「利益の体系」ではなく「価値の体系」に基づき共同訓練などを行っていると言えよう。日本は尖閣諸島の防衛を抱え、中国の軍事的脅威は実存的なものである。それに対し、ニューカレドニアや仏領ポリネシアに中国の影響が及び始めているとはいえ、そこまで切迫した脅威ではない。日本をインド太平洋の主要なパートナーとする場合、この実存的な脅威のギャップをどう埋めるかが課題となるであろう。

註

1 ――日本におけるインド太平洋構想、とりわけ「自由で開かれたインド太平洋」構想の展開については、次の研究を参照。竹中治堅「『自由で開かれたインド太平洋』構想と日本の統治機構」竹中治堅編著『「強国」中国と対峙するインド太平洋諸国』(千倉書房、2022年) 97-138頁。

2 ――“Déclaration de M. Emmanuel Macron, Président de la République, sur les relations entre la France et les pays du Pacifique sud, à Nouméa le 4 mai 2018,” <https://www.vie-publique.fr/discours/205953-declaration-de-m-emmanuel-macron-president-de-la-republique-sur-les-r> (2022年11月21日閲覧)

3 ――Ministère des Armées, Direction générale des relations internationales et de la stratégie, “Stratégie française en Indopacifique,” <https://www.defense.gouv.fr/dgris/enjeux-regionaux/strategie-francaise-indopacifique> (2022年11月24日閲覧)。同サイトから2019年の軍事省のインド太平洋戦略 (La Stratégie de défense française en Indopacifique) をダウンロードできる。

4 ――Le Haut représentant de l'Union pour les Affaires étrangères et la politique de sécurité, La stratégie de l'UE pour la coopération dans la région indo-pacifique (Communication conjointe au Parlement européen et au Conseil), Bruxelles, le 16.9.2021, <https://www.eeas.europa.eu/sites/default/files/join_2021_24_f1_communication_from_commission_to_inst_fr_v2_p1_1421169.pdf> (2022年11月24日閲覧)

5 ――“«Takuba», l'embryon d'une force européenne,” *Le Monde*, 11 juin 2021, <https://www.lemonde.fr/afrique/article/2021/06/11/takuba-l-embryon-d-une-force-europeenne_6083722_3212.html> (2022年11月27日閲覧)

6 ――合六強「フランスの防衛・安全保障協力――世界大の軍事ネットワークを土台とした危機管理」公益財団法人笹川平和財団安全保障事業グループ／民間防衛外交研究

事業／国別事例調査報告書シリーズ（2018年9月）11頁。<https://www.spf.org/global-data/20190128111320288.pdf>（アクセス2022年11月29日）

7——Aide humanitaire d'urgence au Tonga- Communiqué conjoint des partenaires FRANZ (31 janvier 2022), ministère de l'Europe et des Affaires étrangères, <https://www.diplomatie.gouv.fr/fr/dossiers-pays/tonga/article/aide-humanitaire-d-urgence-aux-tonga-communique-conjoint-des-partenaires-franz>〈アクセス2022年12月20日〉

8——Marvin Girelli, "La coopération franco-australienne dans le domaine de la Défense," in Sémir Al-Wardi & Jean-Marc Regnault (Sous la direction de), *L'Indo-Pacifique et les Nouvelles Routes de la soie* (Papeete : éditions 'Api Tahiti, 2021), p. 2021.

9——Paco Milhiet, *Géopolitique de l'Indo-Pacifique, Enjeux internationaux, perspectives françaises* (Paris : Le Cavalier Bleu, 2022), p. 61.

10——Patrick Boureille, "La perception de l'ultime campagne d'essais nucléaires français dans le Pacifique Sud (juin 1995 – février 1996)," in Sémir Al Wardi, Jean-Marc Regnault et Jean-François Sabouret (Sous la direction de), *L'Océanie convoitée, Histoire, géopolitique et sociétés* (Paris : CNRS Éditions, 2017), p. 121.

11——Sarah Mohamed-Gaillard, *L'Archipel de la puissance ?, La politique de la France dans le Pacifique Sud de 1946 à 1998* (Bruxelles : Peter Lang, 2010), pp. 393-397.

12——"L'Australie: une ambition mondiale (Compte rendu de la mission effectuée en Australie par une délégation du groupe sénatorial France-Australie du 6 au 13 mars 2000)," Sénat (Documents de travail) <http://www.senat.fr/ga/ga-031/ga-031.html>〈アクセス2022年12月20日〉

13——"La France va déployer des moyens de santé," *Le Monde*, 17 septembre 1999. <https://www.lemonde.fr/archives/article/1999/09/17/la-france-va-deployer-des-moyens-de-sante_3570995_1819218.html>〈アクセス2022年12月20日〉

14——Delphine Allès et Thibault Fournol, "Le sens de l'Indo-Pacifique : De l'ambiguïté sémantique à l'opportunité stratégique," *Diplomatie*, Les Grands Dossiers N° 53 (octobre-novembre 2019), p. 14.

15——フランスと中国の応答については、次の論稿を参照。*Ibid.*, p. 15.

16——『日本経済新聞（電子版）』（2022年6月11日）、<https://www.nikkei.com/article/DGXZQOGM110WA0R10C22A6000000/>〈アクセス2022年12月20日〉

17——フランスのAUKUSへの対応については、次の論稿を参照した。Jérémy Bachelier and Céline Pajon, "France and AUKUS: Bouncing Back to Live Up to Pacific Challenges," *Briefings de l'Ifri*, Ifri, November 3, 2022. <https://www.ifri.org/sites/default/files/atoms/files/bachelier_pajon_france_aukus_pacific_challenges_2022.pdf >〈アクセス2022年12月22日〉

18——Antoine Bondaz, "La France, une puissance d'initiatives en Indo-Pacifique," Note de la Fondation pour la Recherche Stratégique, n°37 (15 novembre 2022), <https://www.frstrategie.org/sites/default/files/documents/publications/notes/2022/202237.pdf>〈アクセス2022年12月22日〉

19——「フランス海軍練習艦隊『ジャンヌ・ダルク2017』が日本に寄港」、在日フランス大使館、<https://jp.ambafrance.org/article11329>〈アクセス2022年12月22日〉

20——“Les forces françaises, japonaises et américaines simulent la reprise d’une île dans le Pacifique, ” *Le Monde*, 14 mai 2021, <https://www.lemonde.fr/international/article/2021/05/14/les-forces-francaises-japonaises-et-americaines-simulent-la-reprise-d-une-ile-dans-le-pacifique_6080191_3210.html>〈アクセス2022年12月22日〉

第3部

国際秩序の構造的変容

第7章

大国間競争とASEAN中心制度

——権力移行期におけるアジアの多国間主義の展望

湯澤武 YUZAWA Takeshi

2010年代後半以降、国際秩序をめぐるアメリカ、中国、日本といった大国間の競争が激しさを増している。この大国間競争は、主にアメリカの「自由で開かれたインド太平洋」構想（FOIP）と中国の「一帯一路」構想（BRI）という2つの競合する秩序構想を軸に展開されているが、それに伴い、近年アジア地域には大国主導の新たな多国間協力の枠組み（以下、多国間制度）が次々と誕生している。中国は、2015年にアジア・インフラ投資銀行（AIIB）と瀾滄江メコン協力機構（LMC）を設立し、その後2017年にはBRIサミットを立ち上げた。一方アメリカは、2017年に日本と連携して日米豪印戦略対話（QUAD）を10年ぶりに「再起動」させるとともに、2020年には米英豪間の防衛協力の枠組みである“AUKUS”を発足させた。FOIPとBRIは、ともに「包摂的」な国際秩序の重要性を謳っているが、米中両国がそれぞれ主導する多国間制度は、実質的に互いを排除する「排他的」な制度として機能している。

この大国主導の多国間制度の発展という新たな潮流を受けて、近年国際学術誌上ではアジアの多国間主義の展望とその地域秩序への影響について様々な論考が提示されている。グリフィス大学のカイ・ヘ（Kai He）教授の「制度平和（Institutional Peace）」論は、それらを代表する研究である。制度平和論とは、リアリズム系の国際秩序論が提示する大国間の軍事紛争（究極的には「覇権戦争」）を伴う国際秩序の変更プロセスへの疑義を前提に生まれた理論である[1]。この理論の主な特徴は、核兵器の存在やグローバルレベルにおける相互依存関係の深化により、大国間の直接的な軍事紛争がより非現実的な選択肢になるなかで、権力移行期における現代の大国間闘争は、主に「制度バランシング」という平和的手段を用いた多国間制度のリーダーシップとルールをめぐる競争、すなわち「制度競争」によって繰り広げられていると主張するところにある[2]。「制度バランシング」とは、国家が自らのパワーと影響力の相対的優位性を確保するため、多国間制度を通じて、ライバル国の対外政策を非正当化することを目的とする批判的言説の形成や自らの国益に資する国際ルールの拡散（あるいは国益に反する規範の拡散阻止）を図る行為である[3]。制度バランシングの一環として、覇権国と台頭国は、それぞれの国益に沿う形で既存の多国間制度の改革や新たな制度構築を図り、同時に他国からの支持獲得のために「公共財」の提供を競うことになるが、この結末として起きるのが、多国間制度の自然淘汰、いわゆる「制度ダーウィニズム（Institutional Darwinism）」である。それは、秩序の安定に資する（ゆえに大多数の国家から支持を受ける）多国間制度が生き残り、逆にそうした機能に欠けた制度が衰退する現象である。つまり制度平和論によれば、国際秩序をめぐる現代の大国間競争には、軍事的な競争や対立が付随しつつも、大国間の権力移行にともなう地域秩序の変革は「制度ダーウィニズム」による多国間主義の変革という緩やかかつ平和的なプロセスを通して起こりうるということである[4]。

この仮説に基づき、へは現在アジア地域に起きている大国主導の「排他的」な多国間制度の増加を、「制度ダーウィニズム」の過程で起きている多国間主義の変革として位置づけている。具体的には、それらの排他的な制度は、過去30年の間、この地域に発展してきたASEANを中心とする「包摂的」な地域制度群（以下「ASEAN中心制度」[5]、ASEAN地域フォーラム（ARF）、ASEANプラス3（APT）、東アジアサミット（EAS）、ASEAN防衛相会議（ADMM）プラスを指す）と競合関係にあるものの、長期的には両者の間で相互補完的な関係が成立し、大国間関係の緊張緩和に役割を果たすなどして、アジアの国際秩序の平和的移行に寄与する可能性を論じている[6]。他方で、大国間の制度競争の帰結として、へとは異なる可能性を論じる研究者もいる。例えば、シンガポールのISEASユソフ・イシャク研究所のホアン・シー・ハ（Hoang Thi Ha）上級フェローは、今後各大国が地域の諸問題に対処できないASEAN中心制度を見限り、自らが標榜する秩序構想の実現のために、友好国との機能的協力の推進を目的に排他的制度の強化に政策資源を集中させるとし、結果として前者が衰退していくという見解を示している[7]。

このように先行研究においては、いずれの論考も、大国間競争の激化に伴う排他的制度の登場によって、長年アジアの多国間主義をけん引してきたASEANに大きな試練が訪れることを示唆している。そのシナリオを具体的に想定すると、「制度ダーウィニズム」によって、ASEAN中心制度が大国間競争の管理を含む地域の主要問題の解決に役割を果たす多国間制度へと脱皮する（この場合は大国主導の制度へと変革する可能性もある）、あるいはASEAN中心制度が大国主導の排他的制度に淘汰されていくかのいずれかであろう。制度平和論が提供する分析枠組みは、多国間主義に対する大国のアプローチを理解するうえで有効だが、先行研究のASEAN中心制度および地域秩序の展望に関する論考には問題点が見受けられる。たしかにアジアにおける大国主導の排他的制度の拡散は歴史的に例のない事象であるが、大国間競争自体はASEANにとって目新しい事象でもなければ、その組織的生存を必ずしも脅かすような事象でもない。なぜならば、過去30年の間、ASEAN中心制度は、大国間競争の産物として発展してきたといえるからである。事実、本稿で論じるように、冷戦終結以降、アジアにASEAN中心制度が拡散する過程において、大国間の競争関係（米中間、日中間）はその触媒として機能するだけでなく、それら制度の機能的発展の方向性に多大なる影響を及ぼしてきた。つまりASEAN中心制度の発展の方向性は、近年の大国主導の排他的制度の台頭によって突然変化するものではない。むしろそれは、過去30年にわたる大国間関係のダイナミズムのなかで、漸進的に進化してきたものであるといえる。

このような背景の下、本稿は、制度バランシングの分析枠組みを手掛かりに、アメリカ、日本、中国がそれぞれの戦略的利益を追求するうえで、ASEAN中心制度にいかにアプローチし、それらを活用してきたか、またそのなかで大国間の競争関係がASEANの制度構築の動機やASEAN中心制度の機能をいかにシェイプしてきたかを考察することで、大国間競争時代におけるアジアの多国間主義の展望とその秩序形成への影響を明らかにすることを目的とする。本稿の考察は、時代区分に沿って、以下の3つの節に分けられる。①大国間競争の萌芽とARFの発展（1993年から2000年）、②東アジア多国間主義の主導権をめぐる日中間競争とEASの発展（1990年代末から2000年代後半）、③南シナ海問題をめぐる大国間競争と拡大EASおよびADMMプラスの発展（2009年から現在まで）。第1節では、主に共通の規範形成によって地域諸国間、特に大国間に制度化された協力関係をもたらすことを目的に設立されたARFが、90年代半ばから増幅し始めた大国間の相互不信によって、その制度的発展が停滞していく過程を考察する。またここでは、各大国がARFにおける外交経験を通して、ライバル国との緊張緩和のためだけでなく、制度バランシングの手段としての地域制度の有効性を認識し始めたことを論じる。第2節では、2000年代に入り、アジアの政治的・経済的影響力をめぐる日中間の競争が激化するなか、日中双方が多国間主義を露骨に制度バランシングの手段として活用し始めたが、それによってASEANがEASを主導する政治的正当性を獲得し、アジアの多国間主義における「ASEAN中心性」が確固たるものになったことを論じる。また大国間のバランシングゲームの弊害としてEASにおける政治・安保協力が停滞したこと、また中国が排他的な多国間主義を追求し始めたことで、日米両国が「ミニラテラル」協力に乗り出す過程を考察する。第3節では、南シナ海をめぐる大国間競争によって、アメリカのEASへの加盟やADMMプラスの設立などASEAN中心制度がさらに拡大したが、大国間の対立が激化する中で、各大国が排他的制度の強化に乗り出すとともに、ASEAN中心制度が、大国間の緊張緩和の場ではなく、バランシングゲームの場として常態化していく過程を考察する。結論部分では、大国間競争の産物として発展してきたといえるASEAN中心制度が、近年の熾烈化する大国間競争の時代において、地域秩序の平和的変革に資するルール形成の場ではなく、大国のバランシングゲームの場としての側面を強めていることは必然的な結果であるという本章の考察結果に基づき、そのアジアの多国間主義および地域秩序の展望へのインプリケーションについて論じる。

1▸ 大国間競争の萌芽とARFの発展

1994年のARF設立は、ASEANがアジア太平洋地域において、包摂的な多国間制度の構築を目指した初のイニシアティブとして知られているが、その動機には冷戦後の大国間関係の展望に対するASEANの懸念が反映していた。1991年から92年にかけて、フィリピンから駐留米軍が撤退したが、ASEANはこれを契機にアジアにおけるアメリカの軍事プレゼンスが低下し、力の空白が生じることで、日中間に空白をめぐる軍事競争が勃発しかねないとの懸念を抱くにいたった。このリスクを回避するためにASEANがとったイニシアティブがARFの設立であるが、それには日米中すべての大国を多国間制度に取り込むことで、アメリカのアジアへの軍事的関与を確保し、それによって日中の軍事的台頭を抑えるだけでなく、大国を信頼醸成や紛争予防の規範に「社会化」し、長期的に大国間に制度化された協力関係をもたらすという狙いがあった[8]。

少なくともその設立から数年間、ARFは順調に発展していったといえる。1995年の第2回ARF閣僚会合では、信頼醸成措置(CBM)、予防外交(PD)、紛争解決へのアプローチという3段階の安全保障協力のプロセスを想定した「コンセプト・ペーパー」が採択された。しかしARFの規範・ルール形成の取り組みは、大国間に醸成された相互不信によって、徐々に停滞するようになった。1995年から96年にかけて発生した台湾海峡危機における中国の軍事的威嚇行動や1996年の「日米安全保障共同宣言」および1997年の「日米防衛協力のための指針」の改定といった日米同盟強化の動きを皮切りに、大国間には互いの軍事政策に関する相互不信感が芽生え始めた。台湾海峡危機は、中国の透明性に欠けた急速な軍拡に対する日米両国の懸念を深めるとともに、日米同盟の強化は両国の台湾有事への軍事介入に備えた動きであるという疑心を中国に植え付けることになった。その後中国は、日米の同盟強化への対抗措置の一環として、ARFの場において、アメリカの同盟政策の正当性に疑義を唱え始めたが、これにはアメリカとその同盟諸国や友好諸国、その中でも特にASEAN諸国との関係の弱体化を図る狙いがあった。たとえば、1997年7月の第4回ARF閣僚会議において、中国の銭其・外相は、「新安全保障観」というあらたな概念を紹介したうえで、軍事同盟の強化が地域の平和と安定を脅かすとして、日米同盟の強化を暗に批判した。ASEAN諸国は、アジアにおける米軍のプレゼンスを支持していたが、インドネシアやタイの外相が、銭の主張を引用して、アメリカと日本に日米同盟の地理的範囲をさらに明確にするよう求めるなど、中国はASEAN諸国に自らの懸念をある程度共有させることに成功した。また中国は、1999年7月の第7回ARF閣僚会合の場で、ロシア、北朝鮮と連携したうえで、アメリカの戦域ミサイル防衛（TMD）システム構想に対して集団的な批判を展開するなど、ARFをアメリカの軍事政策の正当性を弱体化するための手段として活用し始めた[9]。

大国間の不協和音は、必然的にARFにおける安全保障協力の進展に影を落とすこととなった。当初ARFにおけるCBMの議論は、軍事政策の透明性の向上に焦点をあてており、「コンセプト・ペーパー」には軍事的透明性に資する実用的な措置が数多く掲げられていた。しかしその後、それらの提案の多くは、参加国間の見解の不一致により、日の目を見ることはなかった。またARF参加国間で実施が合意されたCBMの多くも――例えば軍事的透明性に向けた必要最低限の努力とされた「防衛白書」の発刊など――適切に実施されず、消え去ることになった。特に中国は、自国の軍事透明性の向上に資するCBMの実施に後ろ向きであったが、これは自国の軍事情報を開示することは、アメリカに対する抑止力の減退につながるという考えによるものであった。これは大国間の相互不信がいかにARF内における安全保障協力の進展を阻害しているかを示すものであった。結局これまで、ARF内で定期的に実施されてきたCBMは量・質ともに貧弱であり、軍事政策の不透明性に起因する諸国間の相互不信の低減にはほとんど効果のないものであった。

ARFにおけるPDの取り組みも、CBMと同様に、主に大国間の相互不信よって停滞を余儀なくされた。日米両国は、早期警戒、事実調査、第三者による調停などARFが紛争予防の役割を果たすに必要不可欠な措置の整備を求め、またPDの対象範囲に国内紛争を含めることを提案したが、中国はASEAN諸国の一部から支持を受け、上記の措置を含めて国内問題への干渉につながるようなPD措置の導入を認めなかった。PDに対する中国の頑な反対姿勢は、ARFに日米が望むままに強力なPD措置を導入すれば、両国がそれらを活用して、自国の主権に関わる問題に介入しかねないという懸念に起因していた。2001年の第8回ARF閣僚会合において、参加国はPDの概念と原則、措置について暫定的に合意したが、国内紛争はPDの対象範囲から除外され、さらに具体的な措置についても、ARFの役割は紛争当時国と全てのARF参加国の事前合意による緊急会合の開催に限定された。アジア地域における潜在的紛争の多くが、国内問題に起因することを鑑みると、この極限までに狭められたPDの定義と措置の下で、ARFが意義ある形で紛争予防に役割を果たすことは事実上不可能になった[10]。

CBMとPDの取り組みが停滞したこともあり、1990年代末ごろから、ARFの議論の焦点は、伝統的安全保障分野から参加国間の合意形成が比較的容易であると考えられたテロ問題、海賊問題、環境問題、災害救援などを対象とする非伝統的安全保障分野へと移行し始めた。その後、現在にいたるまでの約20年の間、ARFは非伝統的安全保障協力の推進を謳った数多くの宣言や作業計画を発出してきた。しかしCBMやPDの取り組みと同様に、この分野においても、自国の主権や内政問題への干渉につながりかねないとの懸念を持つ参加国の抵抗によって、ARFの協力活動は限定的なものにとどまっている[11]。

ARFにおける安全保障協力の停滞は、日米両国に「コンセンサスによる意思決定」、「非拘束的合意」、「全ての参加国の快適なペースでの協力の進展」というARF独特の運営原則、すなわち「ASEAN方式（ASEAN Way）」の下で、地域諸国間の安全保障協力に資するルール形成を推進することはきわめて困難であることを認識させた。そのため両国はARFにおける「ASEAN

中心性」に少なからず不満を抱くようになった。しかし同時に両国は、ARFにおける経験を通じて、「包摂的」な地域制度の有用性も認識することになった。その有用性とは、第一にARFが中国との貴重な二国間会合の機会を幾度となく提供してきたことである。たとえば米中間には、96年の台湾海峡危機以降も、1999年のアメリカによる在ユーゴ中国大使館の誤爆、2001年の海南島上空での米中軍用機接触事故など幾度となく危機的状況が発生したが、アメリカと中国はこれらの事件が発生した際には、きまってARF会合の場を利用して関係修繕のための二国間会談を設定してきた。またARFは、自国の安全保障に深刻な脅威を与えかねない国家に対する「制度バランシング」の道具として機能することも示した。たとえばアメリカと日本は、北朝鮮の核・弾道ミサイル開発に対して集団的な圧力を加えるため、北朝鮮を批判する文言を盛り込んだARF議長声明の作成を幾度となく主導してきた[12]。後述のように、後年日米両国は、この経験をふまえて、ASEAN中心制度を中国に対する制度バランシングの道具として活用していくことになる。他方中国にとって、ASEAN方式という運営原則は、ARFの発展のペースと方向性を自国の国益に沿う形でコントロールすることを可能にさせる、換言すればARFが日米の望むルールに沿って発展することを阻害するに必要不可欠な原則であり、その意味からも中国は「ASEAN中心性」を肯定的に捉えるようになった。またARFの場でアメリカの同盟政策の非正当化を試みたように、中国も主にアメリカに対する「制度バランシング」の手段として多国間主義の戦略的価値を認識するようになった[13]。後年中国は、この認識に基づき、主にアメリカへの制度バランシングの一環として、「排他的」な多国間主義を推進するようになる。2001年の上海協力機構（SCO）の設立は、その最初のイニシアティブであった。

2▸ 東アジア多国間主義の主導権をめぐる日中間競争とEASの発展

当初日本と中国は、ASEANが打ち出した「東アジア諸国」のみによって構成される地域制度の設立構想に特段強い関心を持っていなかった。両国は、1997年12月に開催されたASEANと日中韓（いわゆるAPT）による初の非公式首脳会合に出席したものの、同会合で議長を務めたマレーシアのマハティール・モハマド（Mahathir Mohamad）首相が提案した首脳会議の定例化に対しては特に関心を示さなかった。しかし、1999年末になると、マレーシアの提案に対する両国の姿勢は一変する。1999年12月の第3回非公式APT首脳会合では、日本はAPT外相会合の設立や海賊問題への対処を目的とする沿岸警備機関よる会議の開催を提案するなどAPTの枠組みで経済・金融協力だけでなく、政治・安全保障協力を推進する意欲を示した。一方中国は、APT財務相代理・中央銀行副総裁会合の設立を提案し、金融協力をリードする意思を示した[14]。

APTに対する日本の積極姿勢は、日本が1997〜98年のアジア金融危機への対処という地域諸国との共通の経験を通じて、東アジアに地域の諸問題の解決に資する自律的な制度を構築する必要性を強く認識したことだけでなく、冷戦終結により高まった政治・安全保障分野における自国の役割の拡大志向を反映していた。日本は、1997年1月に橋本龍太郎首相がシンガポールで行った政策演説で、ASEANとの間で政治・安全保障対話と協力を推進することを提案したが、それに対するASEAN側の反応は芳しいものではなかった。しかしその後の日本の金融危機への積極的支援は、アジアのリーダーとしての日本のイメージ向上につながり、上記橋本提案に対するASEAN諸国の態度も肯定的なものへと変化していった[15]。このような変化のなか、日本の政策担当者は、地域の政治・安全保障協力を主導していく場として、APTにあらたな価値を見出すようになった。

この時期、中国もアジアにおける自国の政治的・経済的役割の拡大を求めるようになった。1999年5月に起きたアメリカによるベオグラードの中国大使館誤爆事件は、中国の政策担当者や有識者の間にアメリカの覇権への対処をめぐる新たな議論を巻き起こしたが、そこでの結論は、アメリカの力の優位性に陰りが見えないなかで、中国は地域の政治・経済情勢を自国の国益に沿って能動的にシェイプしていく必要があるということであった。このような情勢認識のなか、中国はAPTを通して近隣諸国、特にASEAN諸国との政治・経済関係を深化させることで、自国の経済発展に資する地域環境を醸成するだけでなく、中国の台頭を警戒し始めたアメリカによる対中封じ込め連合の形成を防ぐことを戦略目標として掲げるようになった[16]。

日中の政治的・経済的野心の追求は、すぐに東アジア多国間主義の主導権をめぐる競争へと変化していった。この競争の端緒を切ったのは中国であった。2000年11月に中国はASEANに対して中ASEAN自由貿易協定（CAFTA）の締結を提案し、翌年両者は同案の交渉を開始することに合意したが、この合意は東南アジアにおける中国の影響力の急速な拡大を示すものとして、日本の政策立案者たちに衝撃を与えた。さらにこの日本の懸念は、APTの参加国のほとんどが中国と政治的規範を概ね共有する権威主義的発展途上国であるという状況において、中国がAPTの主導権を握りかねないというあらたな懸念を呼び起こした。これらの懸念の対処として、日本が打ち出したのが、2002年1月に小泉純一郎首相が提唱した東アジア共同体構想である。小泉はAPTの枠組みを活用し、日本とASEANが中心となり、東アジア共同体の構築に取り組むことを提唱するとともに、そのプロセスにオーストラリアとニュージーランドという2つの民主主義国家を関与させる必要性を強調した。この「拡大東アジア」とよばれる概念には、中国の影響力の拡大をけん制する狙いが含まれいることは明らかであった。さらに日本は、2003年12月に東京でASEAN諸国と特別首脳会合を開催したが、この会合はASEAN諸国の首脳が揃って非ASEAN諸国主催の公式会合に出席した最初の事例であり、東アジア多国間主義を北東アジアの「プラス3」諸国がASEANと平等の立場で主導する可能性を示したという意味で重要であった。実際、APT諸国の政府関係者によって構成された東アジアスタディグループ（EASG）が2002年11月のAPT首脳会合に提出した報告書には、長期的にAPTを「東アジア首脳会議」へと発展させるべきという提言が含まれており、APT諸間に同案を支持する声が徐々に広がりつつあった[17]。

この機会を最初に掴もうとしたのは中国であった。マレーシアのアブドラ・バダウィ（Abdullah Badawi）首相は、2004年5月に東京と北京を訪問した際に、EASの第1回会合をクアラルンプールで開催することを提案したが、その後同年6月の中ASEAN外相会議において、中国はマレーシアと連携したうえで、APTを現行メンバーのままEASに格上げすることを提案すると同時に、EASの第2回会合を北京で開催する意志を表明した。また同会議において、中国はASEAN友好協力条約(TAC)に非ASEAN国として初めて署名した。EAS設立の主導権をめぐる中国の積極果敢な外交に遅れをとった日本は、2004年7月のAPT外相会合において、EASの第1回会合の議長をマレーシアと合同で務める意向を示すとともに、東アジア共同体やEASの在り方に関する見解を示した「論点ペーパー」を提出した。論点ペーパーは、EASにオーストラリア、ニュージーランドだけでなく、あらたにインドを加える必要性もほのめかし、その根拠として「東アジアは、他のパートナーやグローバルな経済システムとのより緊密な関係により大きな利益を得る」ことをあげ、共同体の基礎となり得るAPTについても「開放性、透明性、包含性、グローバルなシステムと規範の遵守」という基本原則を明確に示しつづけなければならいことを主張していた[18]。論点ペーパーの内容は、日本がEASというあらたな制度構築の取り組みに民主主義勢力を関与させ、透明性やグローバルな規範など中国が容易には受け入れがたい原則を制度のルールとすることで、いわば中国に対する「包摂的制度バランシング」を仕掛けたことを示している。

一方、2004年の後半になると、米政府の高官が、中国が推すAPT参加国のみによるEASの設立案について次々と懸念を表明し始めた。これはアメリカが、中国による東アジア多国間主義の追求を、自国への「排他的制度バランシング」であると認識し始めたことを表していた。これによって日本は、アメリカのEASへのオブザーバー参加を提案し、また日米と同様に中国の影響力拡大に懸念を持つインドネシアとシンガポールが、日本の「拡大東アジア」構想を支持するようになった。この流れを受けて、2005年7月のAPT外相会合において、APT参加国に上記3つの民主主義国を加えた16カ国で、APTと併存する形でEASを設立することが合意された[19]。しかしEASの議長国や開催地は、日中の思惑に反してASEAN諸国に限定されることになった。この決定は、EASの主導権をめぐる日中の激しい競争が、EAS設立への機運そのものを消滅させかねないとの懸念を生み、それがアジアの多国間主義における「ASEAN中心性」の政治的正当性を更に高めたことを反映するものであった。

しかし日中間の勢力争いは、EASの発足によって幕が下りたわけではなかった。2005年12月に開催されたAPTとEASの一連の会合では、どちらの地域制度が東アジア共同体の構築に中心的役割を果たすのかをめぐって激しい論争が繰り広げられた。APT参加国のみによるEASの創設に失敗した中国は、EASの影響力を抑えるために、APTを東アジア共同体の基盤とすることを提案した。中国の提案はマレーシアの支持を得たが、日本はインドネシアとシンガポールを後ろ盾に、EASを共同体構築の基盤にすべきであると主張し、中国への対抗心を露わにした。その後、日中間の駆け引きは、中国が日本を政治的に孤立させることを目的に「歴史カード」を切ったことで、両国間に政治的な緊張を生み出すこととなった。2005年12月のAPT外相会議において、中国の李肇星外相は、小泉が靖国神社を参拝した問題を取り上げ、共同体構想への重大な障害になるとの主張を展開した。さらに、同月のAPT首脳会議の直前には、中国の温家宝首相が、小泉との二国間首脳会談および1999年から定例化していた日中韓首脳会合を、靖国問題を理由に中止することを発表した。これに対して、小泉は中国が靖国問題を「外交カード」として使っていると非難した[20]。

日中間の対立は、マレーシアのアブドラやフィリピンのグロリア・アロヨ(Gloria Arroyo)大統領が、両国の関係改善への期待をわざわざ表明するという異例の行動をとるほど悪化していたが[21]、それはARFのケースと同様に、否応なくEAS内での政治・安全保障協力の推進を困難にした。事実、第1回EAS首脳会合で発表された共同宣言は、政治・安全保障分野における戦略的対話と地域協力の推進をEASの主目的の1つに掲げていたが[22]、第2回EAS首脳会合では、エネルギー、環境、気候変動、持続的発展といった当たり障りのない非伝統的な安全保障問題を「協力の優先分野」とすることが決定された[23]。EASは同会合で「東アジアのエネルギー安全保障に関するセブ宣言」を、また2007年12月の第3回首脳会合で「気候変動、エネルギー、環境に関するシンガポール宣言」を採択したが、これらの合意は具体的な協力の成果につながらなかった。

この頃から日本とアメリカは共同で、同盟国や友好国との小規模な多国間安全保障協力の枠組み、いわゆる「ミニラテラリズム」の推進に取り組み始めた。日米豪安全保障対話（TSD）は、その代表な枠組みの1つであった。日米豪は、2006年3月に初の外相会談を開催し、テロ対策、大量破壊兵器（WMD）の拡散、人道支援・災害救援（HA/DR）に関する協力について議論を行った。その後3か国は、2007年9月に開催されたAPEC首脳会合の機会を利用して、初のTMD首脳会合を開催した。さらに2007 年5月には、日米豪印戦略対話（QUAD）の事務レベル会合が開催された。しかしQUADは、オーストラリアとインドが中国のQUADに対する否定的な反応に懸念を抱いたことにより、そのモメンタムを急速に失った。

ミニラテラリズムの推進に関する日米両国の動機は必ずしも一致していたわけではないが、その背景には2つの共通要因があった。第一の要因は、領有権をめぐる問題からテロ、核不拡散、災害救援といった地域の安全保障問題に対処できる多国間制度の不備である。当時アジア地域唯一の地域安全保障制度であったARFが対話の枠組みから脱却できる見込みがないなかで、2004年のスマトラ沖大規模地震およびインド洋の津波災害への対処として、日米豪印によって結成された「コア・グループ」による災害救援協力の成功体験は、両国に安全保障問題への対処方法として、ミニラテラル協力の有効性を認識させることになった。第二の要因は、中国の台頭へのヘッジ戦略の一環としてのミニラテラリズムの必要性である。2000年代半ばになると、日米両国の外交コミュニティでは、中国を「修正主義」国家とする見方が徐々に強まっていったが、アメリカの地域的影響力が相対的に低下するなかで、共通の価値観と規範を共有する同盟国および友好国とのネットワークの強化は、アメリカを中心とする二国間同盟網の補完として、中国の潜在的挑戦への有効な対応策として位置づけられるようになった[24]。

以上のように、日中の政治的野心の追及は、両者の間に激しい制度競争を生み出し、それは結果として、ASEAN中心制度の拡大、すなわちASEAN主導によるEASの設立につながった。一方で、大国間の制度バランシングゲームの弊害として、EASにおいても政治・安保協力の推進は限りなく困難な課題となった。後述するように、この傾向は、特に2000年代末以降、南シナ海問題をめぐる大国間の対立によってさらに強まっていく。

3▸ 南シナ海における大国間競争と拡大EASおよびADMMプラスの発展

上述のように、1990年代半ばから2000年代にかけて、大国の緊張関係は徐々に高まっていったが、それは2000年代末以降、主に南シナ海の領有権をめぐる対立によって急激に悪化した。2009年から2010年にかけて、南シナ海における中国の行動がより過激になったと多くの論者が指摘しているが、それは2009年3月に中国の排他的経済水域(EEZ)内で活動していたアメリカの監視船「インペッカブル」が中国船によって航行妨害を受けたことや2010年3月に中国政府高官が米政府高官との対話のなかで、南シナ海問題を中国の「核心的利益」であると主張したことに基づいている。これらの事件は、中国が西太平洋から米軍の影響力を完全に排除するという究極の戦略目標を達成するために、南シナ海の実効支配に向けて本格的に動き始めたという認識を米政府関係者の間に広めることになった[25]。

中国の「現状変更」的行為への対処の一環として、2009年に発足した米バラク・オバマ(Barack Obama)政権が打ち出したのが「アジア回帰」戦略であり、それはアジアの多国間主義へのアメリカの関与強化を強調するものであった。オバマ大統領は、2009年11月に東京で行った政策演説のなかで、ASEANとの関係強化やEASへの参加の意思を表明した。それに続き、2010年1月にヒラリー・クリントン(Hilary Clinton)米国務長官は、ハワイで行った政策演説において、既存の地域制度を「行動」と「結果」を伴う制度へと進化させるために、アメリカが指導的役割を果たすことを言明した[26]。アメリカの多国間主義への新たな関心は、地域諸国との連携のもと、南シナ海の現状変更を阻止するという強い決意を中国に示すことによって、同国の拡張的行動を抑止するという思惑を反映するものであった。その第一歩として、2010年7月のARF閣僚会合において、クリントンは、南シナ海における航行の自由にアメリカが国益を有していることを言明するだけでなく、領有権問題が平和的解決されるべきことを主張し、これまでアメリカが貫いてきた南シナ海問題への「不干渉」政策が過去のものであることを地域諸国に印象付けた[27]。

アメリカと同様に、日本もまた地域制度を活用して、中国のけん制に動き始めた。南シナ海における中国の実効支配の拡大は、日本のシーレーン（SLOC）の安定を脅かすだけでなく、尖閣諸島周辺における中国の現状変更的行動の過激化を招きかねないことから、日本もアメリカの懸念を共有していた。さらに日本は、中国が南シナ海における領有権の主張を国連海洋法条約（UNCLOS）に関する独自解釈と国際法上の法的根拠に欠く「九段線」に基づいて正当化していることは、アジアの海洋秩序を根底から崩しかねないとの懸念を抱いていた。そこで日本は、中国の領有権主張を非正当化することを目的に、海洋ルールの強化に乗り出した[28]。オバマ政権がアジアの多国間主義への関与強化を打ち出したことは、アメリカを海洋ルール強化の取り組みに引き込みたい日本にとって好都合であった。2011年6月に開催された日米安全保障協議委員会（2+2）において、両国は「ARF、ADMMプラス、APEC、EASを含む開放的かつ多層的な地域のネットワークおよびルール作りのメカニズムを通じた効果的な協力を促進」することに合意した[29]。

両国が選んだ海洋ルール形成の主な舞台はEASであった。2011年11月の第6回EAS首脳会合において、オバマは「武力による威嚇や武力行使によって領有権や海洋権益を追求することや経済活動を妨害することに断固反対する」と表明することで間接的に南シナ海における中国の行動を批判するとともに、今後EASの場で海洋安全保障や不拡散協力を推進することを提唱した[30]。このオバマの発言に呼応して、野田佳彦首相はEASを「政治・安全保障分野の取り組みの強化を通じて、地域の共通理念や基本的なルールを確認し、具体的協力につなげる首脳主導のフォーラム」として発展させることを求め、その第一歩として、EAS内に海洋協力を推進するためのフォーラムを設置することを提案した[31]。この野田の提案は、2013年のASEAN海洋フォーラム拡大会合(EAMF)設立につながることになる。同会合では、ミャンマーとカンボジア以外のすべてのEAS参加国が南シナ海問題に触れた[32]。

中国は、アメリカによる「アジア回帰」戦略の発動や日米両国による南シナ海問題への連携的な「介入」を、両国による対中封じ込め戦略の一環であるとみなすとともに、それがASEAN側の係争諸国、特にフィリピンやベトナムを中国の領有権主張に対してより「挑発的」な行動へと駆り立てているとして苛立ちをつのらせた。このような中国の認識は、自らの領有権に対する他国からの挑戦を抑止するためには、南シナ海においてより断固とした行動をとる必要があるとの決断につながり、同国はその手始めとして2012年6月にフィリピンのEEZ内にあるスカボロー礁の実効支配を始めた。その後2014年5月に中国は、人工島を造成するために、自らが占拠するスプラトリー諸島の岩礁を埋め立てる工事を開始した[33]。また中国は、アメリカのアジア回帰戦略への対抗として、BRIという野心的な経済構想を打ち出し、その後AIIB、LMC、BRIサミットといった一連の関連制度を次々と設立した。BRIは単なる経済構想ではなく、長期的には関連地域における中国の経済的・政治的影響力を拡大することで、同国が選好する規範と慣行を基盤とする国際秩序の構築を目的とする秩序構想でもあり、いわば中国の「排他的制度バランシング」戦略の枠組みであるともいえた[34]。

一方で、南シナ海問題をめぐる大国間の対立は、ASEANがEASの拡大およびADMMプラスの設立に動く契機になった。アメリカによるEASへの参加提案については、2010年7月のASEAN外相会議で正式に合意されたが、その合意形成に重要な役割を果たしたのが、南シナ海問題の係争国であるベトナムとフィリピンであった。特に当時ASEAN議長国であったベトナムは、アメリカが再びアジアに目を向けたことを、南シナ海問題へのアメリカの関与を引き出す、換言すれば対中抑止としてのアメリカの役割を拡大させる絶好の機会と捉えた。つまりベトナムは、EASがARFと同様に大国間に相互牽制と影響力の均衡をもたらす地域制度として機能することを期待したのである。またベトナムは、同様の理由により、ADMMプラス設立に関するASEAN諸国間の合意形成にも主導的な役割を果たした。ASEANがADMMプラスの創設を目指した当初の動機は、東南アジアにおける非伝統的安全保障問題に関するASEANの対処能力構築支援を大国から引き出すことおよび参加国の軍同士の信頼醸成を促進することであったが、南シナ海における中国の現状変更的行動とアメリカのアジアへの再関与によって、ベトナムをはじめとするASEAN諸国は、ADMMプラスにも大国間の相互牽制の場として機能することを期待したということである[35]。

2010年7月に発足したADMMプラスは、それから3年の間に、海洋安全保障、災害救援、テロ対策、人道支援、軍事医薬品、サイバーセキュリティに関する専門家会合を設立し、非伝統的安全保障協力を推進する制度的基盤を整備した。それ以降ADMMプラスは、それらの分野において、合同演習を計20回以上も実施してきた[36]。ADMMプラスにおける協力の実績は、ARFやEASのそれを量、質ともに凌駕しているものの、それらの活動がADMMプラスの設立目標である参加国間の信頼醸成に寄与してきたかといえば、必ずしもそうとは言えなかった。事実、南シナ海における緊張が高まるにつれ、ADMMプラスの閣僚会合もARFやEASと同様に大国間のバランシングゲームに侵食されるようになっていった。たとえば2015年の第3回ADMMプラス閣僚会合では、中国による人工島の造成およびその対抗措置としてのアメリカの「航行の自由作戦」(FONOP)をめぐり、米中が激しい相互批判を繰り広げた。さらにその余波として、米中は共同宣言の文言に「航行と上空飛行の自由」を盛り込むかどうかでも争いを起こし、結果として同会合は共同宣言の発出を断念した[37]。

2017年の米トランプ政権の発足以降、米中間の対立は貿易や先端技術、人権問題などの分野にまで広がり、両国間の緊張の度合いはますます高まっていった。2017年11月にトランプ政権は、主に中国のBRIへの対抗措置として、日本のFOIP構想を基に独自のFOIP戦略を公表した。アメリカ版FOIPは、法の支配、自由民主主義、航行の自由など「普遍的」な価値観やルールに基づく国際秩序を構築すべく、アメリカを軸とした民主主義諸国間の連携を推進することを主な目的としており[38]、それが中国に対する「排他的制度バランシング」を意図していることを明らかであった。アメリカは、その戦略目標追及の最初のステップとして、2017年11月に東京で開催された日米首脳会談において、QUADを軸に安全保障・経済協力の推進に取り組むことで日本と合意し、同月マニラにおいて、10年ぶりとなるQUAD事務レベル会合が開催された。その後QUAD諸国は、2019年9月に第1回外相会合を開催し、2020年10月にはQUAD閣僚会合を定例化することに合意した。2021年1月に発足したバイデン政権も、トランプ政権のFOIP戦略を基本的に踏襲し、同戦略の柱としてQUADの強化を図ってきた。2021年9月にはワシントンD.C.で初の対面によるQUAD首脳会合が開催され、4カ国はパンデミック、インフラ、気候変動、重要・新興技術、サイバーセキュリティ、宇宙、東・南シナ海を含む海洋秩序などの分野で機能的協力を推進することで合意した[39]。またバイデン政権は、主に潜水艦関連技術など軍事技術の共有を通してオーストラリアの防衛力強化を目的とする米英豪による新たなミニラテラル安全保障協力の枠組み(AUKUS)の構築にも主導的な役割を果たした。

よく知られている通り、ドナルド・トランプ(Donald Trump)前大統領は多国間主義にほとんど関心を示さず、大統領在任中の4年間、EASの首脳会合に出席することは一切なかった。他方で、国務省と国防総省のトップはASEAN中心制度に積極的に関与していたが、その主な目的は以前のように中国との緊張関係の緩和を目的に閣僚会合の場を活用して二国間対話を実施することよりも、むしろそれらの制度を中国の対外政策の非正当化を図る「包摂的制度バランシング」の道具として活用することであったといえる。例えば、2020年12月に開催されたEAS外相会合において、マイク・ポンペオ(Mike Pompeo)米国務長官は、南シナ海における中国の「強圧的行動と環境破壊活動」を批判するとともに、ASEAN諸国に中国の人工島建設への関与を理由にアメリカから制裁を受けている中国系企業との取引を停止するように訴えた。さらにポンペオは、中国共産党が違法な武器ビジネスや麻薬取引に手を染めるだけでなく、上流のダムを操作して、メコン地域の干ばつを悪化させていると主張するなど、中国の政治体制にまで批判の矛先を向けた[40]。他方、中国の王毅外相は、南シナ海における軍事施設の建設を「地域に公共財を提供し、自国の安全を確保する」ために必要な行動だと正当化する一方で、アメリカを「南シナ海の軍事化の最大の推進者で、地域の平和を阻害する最も危険な要因」であると非難した[41]。

バイデン政権発足後も、ASEAN中心制度に対するアメリカのアプローチに特段変化はみられない。ジョー・バイデン（Joe Biden）大統領は、2021年にオンラインで開催されたEAS首脳会合に出席したが、ASEAN諸国の多くが米中両国に緊張緩和の道を探るよう求めたにもかかわらず、同会合は台湾、南シナ海、香港や新疆の人権問題をめぐる米中間の非難の応酬に染まった[42]。2002年8月に3年ぶりに対面で開催されたARF閣僚会議とEAS外相会議は、米中が緊張緩和のための二国間対話を実施できる貴重な機会であったが、ナンシー・ペロシ（Nancy Peloshi）米下院議長の台湾訪問とその対抗措置として中国が実施した台湾沖での大規模軍事演習をめぐる米中間の言い争いによって、その機会は喪われることになった。またEAS外相会合では、日本の林芳正外相が、軍事演習時に中国が発射した弾道ミサイルが日本のEEZ内に着弾したことについて、地域の平和と安定を著しく損なう行為であると非難したが、これに対し中国の王は林の演説中に途中退席し、その後予定されていた日中外相会談の中止を発表するなど、大国間の対立が悪化する中で、ASEAN中心制度が大国間の相互批判の場としてしか機能していないことが浮き彫りとなった[43]。

4▸ アジアの多国間主義の展望と地域秩序へのインプリケーション

本章は、制度バランシングの分析枠組みを手掛かりに、過去30年の間、日米中といった大国がそれぞれの戦略的利益を追求するさいに、いかにASEAN中心制度にアプローチしてきたか、またそのなかで大国間の競争関係が、ASEANの制度構築の動機やそれら制度の機能をいかにシェイプしてきたかを考察した。大国間の政治・経済・軍事的影響力をめぐる競争は、アジア地域にASEAN中心制度が拡大するうえで、その触媒として機能してきたが、それは同時に大国間の相互不信を増幅させるという意味において、それらの制度が多国間対話の場を超えて、地域秩序の安定に不可欠な共通のルール形成に役割を果たす多国間制度へと発展することを妨げる要因にもなってきた。

ARFは、ASEANが冷戦後の地域秩序の展望に対す懸念を解消すべく、大国を相互牽制させると同時に、共通の規範形成を通して、特に大国間に制度化された協力関係をもたらすことを目的に設立したアジア初の包摂的な安全保障制度であった。しかし、90年代半ばから増幅し始めた互いの軍事政策をめぐる大国間の相互不信によって、その取り組みは勢いを失っていった。2000年代初頭に始まった東アジア多国間主義の主導権をめぐる日中間の熾烈な競争は、ASEANがEAS設立の主導権を握ることを可能にしたが、それは日中双方が多国間主義を露骨に制度バランシングの手段として活用し始めた結果によるものであった。その弊害として、ARFのみならず、EASにおいても政治・安全保障協力を推進することが困難になり、それは各大国が自らの理想とする地域秩序構築に必要なルール形成の取り組みを、主に各自が主導する排他的な制度を通して行う契機になった。2010年代に入り、ADMMプラスが設立され、またアメリカがEASに加盟するなど、ASEAN中心制度は更なる拡大を見せたが、その触媒となったのは南シナ海問題をめぐる大国間の対立であった。ADMMプラスは、非伝統的安全保障協力に関する多国間演習を中心に協力活動の実績を積んでいったが、ARFやEASと同様に大国間の制度バランシングゲームから逃れることはできなかった。

このようにASEAN中心制度の機能は、大国間競争がエスカレートするに連れ、緊張緩和の場からバランシングゲームの場へと段階的に変化していった。言うまでもなく、ASEANの主導的な役割がなければ、アジア地域に包摂的な地域制度が拡散することはなかったであろう。しかし大国間の「相互牽制」という要素を含むASEANの制度構築の目的、また大国間の対立が

「ASEAN中心性」の政治的正当性を保証していることや制度の発展の方向性を事実上制約していることを鑑みると、ASEAN中心制度は大国間競争の産物として発展してきたといっても過言ではないだろう。この考察結果を踏まえれば、近年大国間競争がますます激化するなかで、対話の枠組みとしての機能しか持ちえないASEAN中心制度が、大国のバランシングゲームの場と化していくことは必然であったといえる。

本章の締めくくりとして、上記の考察結果に基づき、大国間競争時代におけるアジアの多国間主義の展望とその地域秩序への含意を先行研究の論考を検証しつつ考察してみたい。冒頭で述べたように、制度平和論は、大国間の制度競争が生み出す「制度ダーウィニズム」によって、大国間の権力移行に伴う秩序変更が平和的に進む可能性を指摘している。本章で見てきたように、ここ数年におけるアジアの多国間主義の特徴は、ASEANを中心とする包摂的制度と大国主導の排他的制度がともに大国間のバランシングゲームの主要構成要素として「共存」していることにある。具体的にいえば、大国にとって前者はライバル国の秩序構想や対外政策を言説によって非正当化することを図る「包摂的制度バランシング」の手段として、また後者はそれぞれの秩序構想の実現に不可欠なルール形成を図る「排他的制度バランシング」の手段として機能しているといえる。

問題は、主に2000年代半ば以降、大国間のバランシングゲームの場としての側面を強めるアジアの多国間主義が、「制度ダーウィニズム」を通して、地域秩序の平和的変革に資する多国間主義へと発展するシナリオは想定できるのかということだが、その可能性は現時点では低いと言わざるを得ない。上述のように、大国の制度競争によって、秩序の平和的変革に資する地域共有のルール設定の場として欠かせない「包摂的」な地域制度の数は増えた。しかし制度平和論の仮説とは反対に、制度競争が激化しても、既存の地域制度において、そうしたルールが生まれる兆しはない。本来ならば「誠実なる仲介者」としてアジアの多国間主義を主導してきたと自負するASEANが[44]、大国間競争の管理に資する信頼醸成や紛争予防に関するルール形成を主導していかなければならない。しかしARFのケースで見られたように、ASEAN

中心制度におけるルール交渉では、実効的なルール形成に反対する参加国が何ら妥協もしないことから、常に「最小公倍数」的な結果しか生まれることはない。それは、「ASEAN中心性」に付随する「ASEAN方式」が、地域制度の運営原則であることと無関係ではない。さらにいえば、ASEAN中心制度における大国の相互批判合戦の常態化は、ASEANの議題設定能力が形骸化していることを示している。つまりASEANは、ASEAN中心制度を通して大国同士を「相互牽制」させるという目的は達成したものの、それ以上に重要な課題である大国間競争の管理についてはほぼ無力であったといえる。換言すれば、大国間の批判合戦に侵食される現在のASEAN中心制度の姿は、ASEANが大国に相互牽制の場を提供する以上の役割を果たすことができなかった結果であるともいえる。

大国が正当性をめぐる競争を有利に進めるためには、自らの制度バランシング行為にASEAN諸国を取り込むことが不可欠であるが、その支持獲得のための主要なプラットフォームとして機能しているASEAN中心制度の存在意義は、大国主導の排他的制度が増加する状況においても変わらないであろう。しかしながらそれは、制度バランシングが大国間の相互不信を増幅させているという意味において、アジアの多国間主義が、その本来の役割に反して、大国間競争の管理ではなくエスカレーションに寄与していくことを示唆するものである。

註

1――国際秩序研究における理論アプローチについては、序章の「理論研究の視点」を参考のこと。

2――Kai He, "China's Rise, Institutional Balancing, and (possible) Peaceful Order Transition in the Asia Pacific," *The Pacific Review*, vol. 35, no. 6 (2022), pp. 1105-1134. Kai He, "Contested Multilateralism 2.0 and Regional Order Transition: Causes and Implications," *The Pacific Review*, vol. 32, no. 2 (2019), pp. 210-220.

3――制度バランシングには「包摂的制度バランシング」と「排他的制度バランシング」の2つの形態がある。前者は、対象国を多国間制度に取り込み、制度のルールによって、その行動の制約を図ることであり、後者は対象国の行動に制約や圧力を加えるために、対象国を排除する形で多国間制度を構築し、制度を構成する友好国間で協力関係を推進することを指す。He, "China's Rise, Institutional Balancing," p. 7

4——He, "China's Rise, Institutional Balancing," pp. 1109-1114.

5——「ASEAN中心制度」あるいは「ASEAN中心性」といった概念には様々な定義が提示されているが、本稿では「ASEAN中心性」を、ASEANが自らの主導のもとに設立した包摂的な広域制度において、議題設定権、会合開催地決定権、参加国の選定権などを有する議長職を独占していることと定義する。詳細は以下の文献を参照のこと。Amitav Acharya, "The Myth of ASEAN Centrality?" *Contemporary Southeast Asia*, vol. 39, no. 2 (August 2017), pp. 273-279.

6——He, "China's Rise, Institutional Balancing,".

7——Hoang Thi Ha,"Understanding the Institutional Challenge of Indo-Pacific Minilaterals to ASEAN," *Contemporary Southeast Asia*, vol. 44, no. 1 (April 2022), pp. 1-30.

8——Evelyn Goh, "Great Powers and Hierarchical Order in Southeast Asia: Analyzing Regional Security Strategies," *International Security*, vol. 32, no. 3 (Winter 2007/2008), pp. 113-157.

9——Takeshi Yuzawa, *Japan's Security Policy and the ASEAN Regional Forum: The Search for Multilateral Security in the Asia-Pacific* (London; New York: Routledge, 2007).

10——Takeshi Yuzawa, "The ASEAN Regional Forum: Challenges and Prospects," in Mark Besson and Richard Stubbs, eds., *Routledge Handbook of Asian Regionalism* (Abington: Routledge, 2012), pp. 338-49.

11——Yuzawa, "The ASEAN Regional Forum: Challenges and Prospects", pp. 343-4.

12——湯澤武「東アジアの多国間制度と地域秩序の展望——現状維持装置としての地域制度の役割」『国際政治』no. 158 (2009年12月) 10-24頁。

13——David Shamburgh, "China Engages Asia: Reshaping the Regional Order," *International Security*, vol. 29, no. 3 (Winter 2004/2005), pp. 64-99.

14——寺田貴司『東アジアとアジア太平洋——競合する地域統合』(東京大学出版会、2013年) 105-134頁。

15——Takeshi Yuzawa, "From a Decentering to Recentering Imperative: Japan's Approach to Asian Security Multilateralism," *The Pacific Review*, vol. 16, no. 2 (2018), pp. 251-277.

16——Thomas J. Christensen, "Fostering stability or Creating a Monster? The Rise of China and US Policy toward East Asia," *International security*, vol. 31, no. 1 (Summer 2006), pp. 81-126.

17——寺田『東アジアとアジア太平洋』135-166頁。

18——外務省「日本国政府作成の論点ペーパー 仮訳」(2004年5月11日) <https://www.mofa.go.jp/mofaj/area/eas/pdfs/jpn_01.pdf>〈アクセス2022年10月10日〉

19——大庭三枝『重層的地域としてのアジア——対立と共存の構図』(有斐閣、2014年) 147-65頁。

21——"Koizumi again blames China, S. Korea for lack of summit talks", *Japan Economic Newswire*, December 14, 2005, Nexis Uni.

「日中確執、アジアが懸念、国際会議で関係改善要望」『日本経済新聞』2005年12月14

日、2頁。

22——ASEAN Secretariat, “Kuala Lumpur Declaration on the East Asia Summit,” (Kuala Lumpur, December 14 2005).

23——ASEAN Secretariat. “The Chairman Statement of the Second East Asian Summit,” (Cebu, the Philippines, January 15 2007).

24——Ashizawa, Kuniko, “Australia–Japan–US Trilateral Strategic Dialogue and the ARF: Extended Bilateralism or a New Minilateral Option?” in Noel M. Morada and Jürgen Haacke, eds., *Cooperative Security in the Asia-Pacific: The ASEAN Regional Forum* (Oxford: Routledge, 2010) pp. 92-110.

25——Leszek Buszynski, “The South China Sea: Oil, Maritime Claims, and US-China Strategic Rivalry,” *The Washington Quarterly*, vol. 35, no. 2 (Spring 2012), pp. 139-156.

26——See Seng Tan, *Multilateral Asian Security Architecture: Non-ASEAN Stakeholders* (Abington: Routledge, 2016), pp. 118-22.

27——Buszynski, “The South China Sea,” p. 148

28——Yuzawa, “From a Decentering to Recentering Imperative,” p. 472.

29——外務省「日米安全保障協議委員会共同発表——より深化し、拡大する日米同盟に向けて：50年間のパートナーシップの基盤の上に」(2011年6月21日)

30——The White House, “Fact Sheet:East Asian Summit” (November 19, 2011)

31——< https://obamawhitehouse.archives.gov/the-press-office/2011/11/19/fact-sheet-east-asia-summit>〈アクセス2022年10月15日〉

32——外務省「第6回東アジアサミット（概要）」、(2011年11月19日) <https://www.mofa.go.jp/mofaj/area/eas/shuno_6th.html>

32——寺田『東アジアとアジア太平洋』246頁。

33——Feng Zhang, “China’s Long March at Sea: Explaining Beijing’s South China Sea Strategy, 2009-2016,” *The Pacific Review*, vol. 33, no. 5 (2020), p. 773.

34——Jingdong Yuan, “China and the New Institutional Balancing in the Indo-Pacific Challenging or Conforming to the International Order?” in Kai He, ed., *Contested Multilateralism 2.0 and Asian Security Dynamics* (Abington: Routledge 2020), p. 88.

35——Kei Koga, “ASEAN’s Evolving Institutional Strategy: Managing Great Power Politics in South China Sea Disputes,” *The Chinese Journal of International Politics*, vol. 11, no. 1 (Spring 2018), pp. 72-73.

36——Hoang Thi Ha and Malcolm Cook, “Repositioning the ADMM-Plus in a Contested Region,” *ISEAS Perspective*, no. 13 (2021), pp. 1-9.

37——「南シナ海、共同宣言見送り、米中対立、割れた賛否、拡大ASEAN」『朝日新聞』2015年11月5日、13頁。

38——Michael D. Swaine, “Creating an Unstable Asia: The U.S. ‹Free and Open Indo-Pacific’. Strategy,” Carnegie Endowment for Peace (March 2, 2018). <https://carnegieendowment.org/2018/03/02/creating-unstable-asia-u.s.-free-and-open-indo-pacific-strategy-pub-75720>〈アクセス2022年10月15日〉

39——外務省「日米豪印首脳の共同声明」2021年9月24日 <https://www.mofa.go.jp/files/

100238176.pdf>〈アクセス2022年10月15日〉

40——“Asia: Pompeo Again Slams Chinese ‘Aggression,’ Says US Is Committed to SE Asia,” *Thai News Service*, September 14, 2020, Nexis Uni.

41——“China's Wang Yi slams US for being ‘biggest driver’|’ of South China Sea militarization,” *South China Morning Post*, September 10, 2020, Nexis Uni.

42——「南シナ海で応酬、東アジア首脳会議」『日本経済新聞』2021年10月13日、13頁。

43——「日本発言中、中ロ退席、台湾、ウクライナ巡り亀裂鮮明」『朝日新聞』2022年8月6日、2頁。

44——ASEAN, “ASEAN Outlook on the Indo-Pacific”, (June 23, 2019).

第8章

人権か、それとも主権か？
――ロシアによる欧州人権レジームへの加入・対立・離脱

溝口修平 MIZOGUCHI Shuhei

1▸ ロシアによる国際秩序への挑戦

2022年2月24日に始まったロシアによるウクライナへの軍事侵攻は、国際社会におけるロシアの立場を大きく変えることになった。開戦直後から欧米諸国はウクライナに対し軍事支援を行うとともに、ロシアに対しては大規模な経済制裁を課した。一方、ロシアは開戦前からアメリカ中心の国際秩序に対する不満を露わにし、それに対する挑戦の姿勢を明確にした。ロシアのウラディーミル・プーチン（Vladimir Putin）大統領が何を目的としてウクライナへの軍事侵攻を始めたのかは議論があるものの、この戦争が既存の国際秩序に対するロシアの不満を背景としたものであることは間違いない。

その1つの帰結として、ロシアは欧州人権レジーム（欧州評議会と欧州人権裁判所から構成される）から除名された。欧州評議会は、法の支配や人権などを定めた欧州評議会規程第3条の深刻な違反を理由に、開戦翌日の2月25日には、早くもロシアの代表権を停止する措置をとった。そして、3月16日にロシアは欧州評議会から除名され、9月16日には「人権および基本的自由の保護のための条約」（欧州人権条約）の締約国でもなくなった[1]。ロシアは1996年2月28日に欧州評議会に加入し、1998年3月には欧州人権条約を批准したが、人権と民主主義を掲げる欧州人権レジームから26年で追放されることになった。冷戦終結後にロシアがヨーロッパの掲げる規範を受容するかに見えた時代は終わりを告げ、欧州人権レジームも1つの区切りを迎えることになった。

このように、ウクライナへの軍事侵攻は、ロシアと欧州議会の関係を断絶させる直接的原因となった。ただし、そうした変化がロシア・ウクライナ戦争によって突如として生じたわけではない。2010年ごろから、欧州人権レジームにおけるロシアの立場は悪化する傾向にあった。2019年にはプーチンが『フィナンシャル・タイムズ』によるインタビューで「リベラリズムは時代遅れだ」と述べたことはよく知られているが、同じ記事の中でドナルド・トゥスク (Donald Tusk) 欧州評議会議長はそのようなプーチンの考えに強く反対し、「時代遅れなのは権威主義、個人崇拝、寡頭支配の方だ」と反論した[2]。このように、ウクライナへの軍事侵攻が始まる数年前には、ロシアと欧州評議会の関係はすでに悪化していたのである。

そこで本章では、欧州人権レジームへの加入に積極的だったロシアが、いかにそれと対立するに至ったのかを跡付ける。また、両者の対立の要因について、ロシア外交における主権概念の重要性が拡大したことと、憲法裁判所の役割が変化したことという2点から考察する。人権や基本的自由といった規範の拡大に対し、主権を盾に抵抗するという本章で扱う構図は、ロシアが近年既存の国際秩序への不満を表出する際の典型的なパターンである。したがって、ロシアと欧州人権レジームとの関係がいかに悪化していったのかを検討することは、ロシア・ウクライナ戦争の原因を考える上でも重要な視点を提供すると考えられる。

2▸ 欧州人権レジームの歴史とロシア

◆欧州人権レジームの歴史

欧州評議会は、人権、民主主義、法の支配を擁護することを目的として1949年に設立された国際組織である。ナチスの支配に対する反動から、この時期ヨーロッパでは人権保護に対する要請が強まっていた上に、冷戦が勃発し東側陣営と対峙する中で、西欧では人権や個人の自由などの理念が政治的にも重要な意味を持っていた。実際、ウィンストン・チャーチル（Winston Churchill）が述べたように、欧州評議会の設立は欧州統合の第一歩という意味合いを持っていた[3]。

人権意識の高まったヨーロッパにおいて、人権保障のために重要な役割を果たしてきたのが、欧州人権裁判所である。欧州人権裁判所は、1950年に調印された欧州人権条約によって、欧州評議会の司法機関として設置された。この条約は、個人が欧州人権裁判所に申し立てることを認めるとともに、当事者である締約国が裁判所の判決に従うことを義務付けている。また、判決の執行は欧州評議会の加盟国外相から構成される閣僚委員会によって監視される。つまり、欧州評議会と欧州人権裁判所から構成される欧州人権レジームは、個人の自由の保護を重視し、そのために国家主権の一部を国際機関に委譲するという特徴を持っている。

欧州評議会の原加盟国は10か国であったが、少しずつ加盟国は増え、冷戦終結時点では23か国となった。冷戦終結後、1990年にハンガリーが加盟したのを皮切りに、中東欧の旧社会主義諸国の多くが1990年代半ばまでに欧州評議会に加盟し、その加盟国数はさらに増加した。2007年にモンテネグロが加盟して以降は、2022年にロシアが離脱するまで、加盟国数は47であった。加盟障壁の低さゆえに、欧州評議会は欧州連合（EU）加盟への足掛かりという意味で「民主主義の学校」とも呼ばれている[4]。これは、EUへの加盟にはEUの法体系の受容という厳格な加盟基準が求められ、多くの国が加盟交渉に多大な時間を要したのとは対照的である。

中東欧諸国に引き続き、旧ソ連諸国も欧州評議会に加盟していった。ロシアは1996年2月に欧州評議会に加盟し、1998年3月には欧州人権条約を批准して、欧州人権裁判所にも参加した。ロシアが欧州人権レジームへの参加に動き出したのは早く、ソ連解体直後の1992年5月には早くも欧州評議会加盟の意向を表明していた。しかし、1994年の段階ではロシアの法秩序は「欧州評議会の基準を満たしていない」と評価され、また、同年12月にロシア連邦政府軍がチェチェン共和国に軍事介入したことが問題視され、翌年1月には加盟プロセスが一時的に停止された。その後9月に加盟プロセスは再開されたものの、やはりロシアは加盟条件を完全には満たしていないという評価を欧州評議会は下した[5]。このような状況にもかかわらず最終的にロシアが加盟を認められたのは、欧州評議会による監視や欧州人権裁判所による義務的判決を通じて、ロシア国内の状況が欧州評議会の求める基準に合致していくことが期待されたからである[6]。すなわち、欧州評議会は、ロシアを排除するよりもレジーム内部に取り込むことによって、ロシアに必要な国内改革を促進し、ロシア国民が欧州人権裁判所にアクセスする機会も提供できると考えたのである[7]。

◆欧州人権レジームの中でのロシア

実際に、ロシアが欧州人権条約に加盟したのち、非常に多くのロシア人が欧州人権裁判所に対して自国政府を訴えた。表8-1にあるように、1959年から2021年までに欧州人権裁判所に提出された申し立て全体の18.3%に上る17万4000件以上がロシアに対するものであった。これは、ロシアに次いで申し立ての多かったトルコ（11万4025件）やウクライナ（9万3330件）と比べても圧倒的に多い数である。また、同じ期間に欧州人権裁判所がロシアに出した判決は3116件であり、これはトルコ（3820件）に次ぐ数である。トルコはロシアより40年以上早い1954年には欧州人権条約に加盟したことを考えると、20年余りの期間にいかに多くの申し立てや判決がロシアに対してなされたかが分かる。

このような申し立てや判決の多さは、欧州人権レジームへの加入以来、ロシア国民が実際にその制度を積極的に活用したことを表している。2000年代を通じて、ロシア国民の間で欧州人権裁判所の認知度は上がり、それを活用しようとする人の数も増加した[8]。ただしそれは同時に、ロシア国内では十分に救済されない問題が多く存在していることも浮き彫りにした。もちろん、1億4000万人以上というロシアの人口は他の欧州評議会加盟国より圧倒的に多いという事情はあるものの、ロシア国内の人権状況は加盟当初に期待されていたようには改善しなかった。

表8-1　欧州人権裁判所への申し立て（1959～2021）

	ロシア（全体に占める割合）	加盟国全体
不受理または削除された申し立て数	16万7488（18.6%）	90万1168
判決が出された申し立て数	7214（12.9%）	5万6154
申し立ての総数	17万4702（18.3%）	95万7322

出典：*Overview ECHR 1959-2021*, February 2022
<https://www.echr.coe.int/Documents/Overview_19592021_ENG.pdf>

◆ロシアにおける人権規範の受容

ただし、ソ連解体後のロシアは欧州人権レジームへの加入に高い意欲を持っていた。1992年5月にロシアがすでに加盟申請していたのは上述のとおりだが、1993年12月に制定されたロシア憲法の第2章にも、人権や個人の自由、法の下の平等などの原則が列記されており、欧州人権条約の規範を参考にしているところも多い[9]。憲法制定過程では激しい権力闘争が起こり、当時のボリス・エリツィン大統領は強引な手法で憲法を制定したが、第2章の人権規定についてはほとんど政治的争点とならなかった[10]。

実際に、憲法には欧州評議会への加盟を念頭に置いた規定が組み込まれている。第15条4項には、「国際法の一般原則および規範、ならびにロシア連邦の国際条約は、ロシア連邦の法体系を構成する一部となる」と規定されているだけでなく、「法律に定められた規則と異なることがロシア連邦の国際条約によって定められた場合には、国際条約の規則が適用される」とも謳われている。このように、憲法で「国際条約の国内法に対する優位」が明記されたことは、憲法制定当時のロシアでは国際規範の受容が重視されていたことを物語っている。さらに、第46条3項では、「各人は、国内の法的保護の手段がすべて尽きた場合には、ロシア連邦の国際条約にしたがって、人の権利及び自由の保護について、国際機関に提訴することができる」とも記されている。この点も欧州人権レジームへの加入を見越した規定だと言える。以上のことから、憲法制定時のロシアは欧州人権レジームへの加入に積極的であったことがわかる。

欧州人権レジームへの加入後も、そうした姿勢は一定期間継続した。たとえば、2001年1月25日の憲法裁判所の決定では、欧州人権条約の批准によって「ロシア連邦は欧州人権裁判所の管轄権を認め、欧州人権条約とその議定書への加入によって生じたロシア連邦の義務と完全に一致した形で、司法も含めた法執行を実践する必要が生じた」と述べ、条約がロシア国内で拘束力を持つことを確認した[11]。2003年10月のロシア最高裁判所総会の決定においても同様の解釈が示されている[12]。ロシアの人権状況や司法制度改革などについてはさまざまな問題が指摘されるが、人権規範の受容が一定程度進んだことも評価されてきた[13]。

死刑執行の停止はその一例であると言えよう。欧州人権条約の第6議定書は、加盟国に死刑の廃止を求めている。エリツィンは1996年5月の大統領令において死刑の対象となる犯罪を削減する刑法改正を提案し[14]、1997年2月には第6議定書に署名した。連邦議会がこの議定書を批准しなかったため、現在に至るまで死刑制度は廃止されていないが、死刑執行は1996年以来停止されている[15]。

このような死刑執行の「モラトリアム」は、形式的には陪審制度が完全には導入されていないことがその理由とされてきた。ロシアの憲法では、死刑は「生命に対する特に重大な犯罪に課せられる刑罰の例外的措置」と規定され、被告人が陪審裁判を受ける権利も保障されている（第20条2項）。しかし、ロシアの多くの連邦構成主体では陪審制度の導入が遅れていたために死刑執行が停止されていたのである。さらに、2009年にようやく全国的に陪審制度が導入される見通しがたった際にも、憲法裁判所は、死刑執行のモラトリアムが長期にわたって続いた結果、「死刑に処せられないという堅固な人権保障が形成され」「死刑の廃止に向けた不可逆的なプロセスが生じている」という判断を下した[16]。このように、ロシアにおいて死刑制度は廃止されていないものの、国際的な規範に照らした上で死刑廃止の方向にロシアが向かっているということを憲法裁判所も認めた。そしてこの決定は、ロシアが国際法を遵守する国家であると対外的に示すことも強く意識したものであった[17]。

3 ▸ 欧州人権レジームとロシアの対立

◆マルキン判決

一方で、これとほぼ同じ時期に、憲法裁判所と欧州人権裁判所の関係を悪化させる事件が起きた。これは、両者の判決が真っ向から対立した最初の事例であった[18]。

男性軍人のコンスタンチン・マルキン（Konstantin Markin）は、2005年9月に妻が第三子を出産したが、同日に裁判所は妻からの離婚申請を受理した。離婚後に3人の子どもを育てることになったマルキンは、軍に3年間の育児休業の取得を申請した。しかし、「軍人地位法」は育児休業の取得を女性にしか認めておらず、マルキンには3か月間の短期的な休暇しか与えられなかった。そこで彼は軍裁判所に提訴するとともに、憲法裁判所に対しても、「軍人地位法」の規定が憲法第19条2項（権利および自由の平等の保障）や3項（男女平等）といった憲法上の権利に違反すると申し立てた。2009年10月に憲法裁判所は、国防を担うという軍人の法的地位の特殊性ゆえにこの法律は軍人に対し市民の権利と自由を制限して職務を遂行することを求めているとして、マルキンの訴えを退けた。憲法裁判所は、軍人が大規模に職務を遂行しないことは、国家の防衛という公益に反することになり、それゆえに男性軍人が育児休業の権利を持たないことは憲法第38条2項（子どもへの配慮および養育の権利と義務）に違反しないと判断したのである[19]。

一方、2010年10月に欧州人権裁判所は、ロシア憲法裁判所の判決と対立する判決を下した。女性軍人のみに育児休業の権利が認められるのは、欧州人権条約第8条（私生活および家族生活の尊重を受ける権利）に関連した同第14条（差別の禁止）に対する違反であるとして、マルキンの申し立てを認めたのである。ロシア憲法裁判所は、女性軍人に育児休業の権利が与えられるのは、女性で軍務に就くものが少ない上に、女性の社会的役割によるものだとしたが、欧州人権裁判所は、出産とは異なり育児に関しては、性別にかかわらず親の役割は同じであるべきだとし、かつそれは「軍の法的地位の特殊性」によっても正当化されないとした[20]。ロシアはこの判決に対し欧州人権裁判所大法廷に上訴したが、大法廷もこの判決を支持する結果となった[21]。

◆憲法裁判所による国家主権の擁護

このような判決が下されたことに対し、ワレリー・ゾリキン（Valerii Zor'kin）ロシア憲法裁判所長官は、2010年10月29日に『ロシア新聞』上で、欧州人権裁判所を批判する論文を発表した[22]。この論文の中でゾリキンは、1998年の欧州人権条約批准以来、欧州人権裁判所とロシア憲法裁判所は双方の見解を参照しながら「双方向的な対話」をしてきたが、マルキン判決によって「状況は劇的に変わった」と述べた。さらにゾリキンは次のように主張した。

> 国家機関の方が［国際機関より］自らの社会やその社会の要求をよく知っているということは、それらの［国家］機関が原則的に、国際裁判所とは違い、何が公益であるのかを判断する上で優越的な立場にあるということを意味する。この点に、欧州人権裁判所が行動する上でよって立つべき補完性原理の一般的な意味がある。（カッコ内は引用者）

その上で、ゾリキンはロシア憲法の国際条約に対する優位性について次のように述べた。

> 国家主権とロシアの法システムにおける憲法の至高性という原則は、ロシアの憲法体制の基礎に関わる。ロシアの国際条約としての［欧州人権］条約は、ロシアの法システムを構成する一部であるが、それは憲法の**上位**にはない。**憲法は、第15条**において、**法的規定に対する国際条約の優位を定めている**が、**それは憲法の規定に対する優位ではない**。憲法規定の解釈や法の憲法上の意味の提示は、憲法裁判所によってのみなされる。したがって、国家の最高司法機関によってなされる憲法解釈は、［欧州人権］条約の解釈によって覆すことはできない。**なぜなら、後者の法的効力は前者のものを上回らないからである**。（カッコ内および

傍点は引用者）

このように、ゾリキンは前述した憲法第15条4項の解釈を示す形で、憲法の欧州人権条約に対する優位を主張した。また、彼は自らが率いる憲法裁判所を「主権の守護者」としても位置付けたのである。この論文が発表された直後には、彼は欧州人権条約の管轄権から離脱する可能性にすら言及した[23]。

以上のようなゾリキンの主張は、その後いくつかの段階を経て国内で法的な裏付けが付されていった。まず、2015年7月に憲法裁判所は、国家主権やロシアの法秩序における憲法の至高性を根拠として、欧州人権裁判所の判決とロシア憲法が矛盾した場合には、その判決はロシア国内では適用されないという決定を下した[24]。憲法第15条4項が定める「国際条約の国内法に対する優位」は、あくまで一般の法律に対する優位であって、ロシアの国内法秩序においてもっとも高い権威を持つのは憲法であるという立場を憲法裁判所が示したのである。その上で憲法裁判所は、欧州人権条約の対象や目的を超えて、特に主権平等や内政不干渉といった国際社会の重要な規範が脅かされる形で条約が解釈される危険性があることも指摘した。この決定は、ロシアと欧州人権レジームの関係が変化する転換点となった[25]。

この憲法裁判所の決定を受けて、同年12月には「憲法裁判所に関する連邦の憲法的法律」が改正され、国際的な人権機関の決定を国内で適用するか否かを判断する権限が憲法裁判所に与えられた。そしてここでも「憲法に違反する国際機関の決定は国内で履行されない」ことが定められた[26]。これに対し、欧州評議会の諮問機関であるヴェニス委員会は、この改正法が、欧州人権裁判所判決の拘束力について述べた欧州人権条約第46条に違反するとして、その修正を求めた[27]。

このタイミングでロシアがこのような動きを進めた背景には、前述のマルキン判決以降、ロシアと欧州評議会の関係がさらに悪化していたことが挙げられる。たとえば、2013年に欧州人権裁判所は受刑者にも選挙権を認めるという判決を下したが、ロシア憲法第32条は受刑者が選挙権・被選挙権を持たないことを定めており、どちらが適用されるべきかが問題となっていた。また、2014年4月には、ロシアのクリミア併合を受けて欧州評議会議員会議におけるロシア議員代表団の表決権が停止された。さらに7月には、ロシア政府が解体、国有化した石油会社ユコスの株主に対し19億ユーロの損害賠償金の支払いを命じる判決を欧州人権裁判所が下した。このように、単に欧州人権裁判所判決の国内適用可能性をめぐる問題が生じていただけでなく、ユコス事件をめぐる多額の賠償金支払いなど政治的にも重大な問題が両者の間に生じていたことも、こうした動きの背景にはあった[28]。

マルキン判決を契機とするロシアと欧州人権レジームの対立は、最終的にロシア憲法の改正にまで至った。2020年の憲法改正は、プーチンの任期を「リセット」し、最大で2036年まで彼が大統領を務められるようになったことが大きな注目を集めたが、その他にも愛国主義的、保守的な内容やロシアの主権を強調する内容の改正も多く加えられた。その中で、国際組織への参加について定めた第79条が改正され、「憲法に違反する国際機関の決定は国内で履行されない」ことが憲法にも盛り込まれ、新たに「内政干渉の禁止」を定めた第79[1]条も増補された。こうして、約10年をかけて、ロシアは「国際法に対する憲法の優位性」を徐々に法制度化していった。時代の変化に応じて条約を解釈することをその影響力の源泉としていた欧州人権レジームにとって、ロシアのこうした行動はレジーム全体の正統性を傷つけうるものであった[29]。

4▸ リベラリズムに背を向けたロシア

前節で述べたように、ロシアは2010年以降「国際法に対する憲法の優位性」を法制度化し、欧州人権レジームと対立する姿勢を強めた。本節では、このようなロシアの行動の背景にはどのような要因があるのかを考察する。ここでは、ロシア外交において「主権」概念の重要性が高まっていたことと、憲法裁判所の役割の変化という2つの点に注目する。

◆ロシアの主権概念

近年のロシアは「主権」という概念を多用する傾向にある。それは1つには、欧州人権レジームとの対立において見られたように、欧米諸国に対してロシアの立場を主張する局面で利用される。コソヴォ紛争に対する北大西洋条約機構（NATO）の人道的介入やその後のコソヴォ独立に際して、ロシアは人権などのリベラルな規範よりもセルビアの領域的一体性を重視すべきだという立場をとった。ロシアとセルビアの歴史的関係やチェチェンの分離主義の存在を考えたときに、ロシアの国益を確保するためには「主権」という概念に依拠する必要があると判断したためである。

「主権」概念が用いられるもうひとつのパターンは、ロシアが「勢力圏」とみなす旧ソ連諸国への影響力を保持しようとする場合である。たとえば、2000年代以降に旧ソ連諸国でカラー革命が起きた際には、それらの国々への欧米諸国の民主化支援を「内政干渉」だと非難した。ロシアは、欧米諸国が旧ソ連諸国の「主権」を侵害していると主張することによって、自身の「勢力圏」を保持しようとしているのである。

このように、ロシアは「主権」を盾にして欧米諸国によるリベラルな規範の拡大を防ごうとしている。その一方で、ロシア自身は、ジョージア領内の南オセチアやアブハジアを国家承認したり、2014年にクリミアを一方的に併合したりするなど、旧ソ連諸国の主権や領域的一体性を軽視した行動が目立つ。2022年のウクライナへの軍事侵攻やその領土の一方的併合も、同様の行動と理解できる。ルース・デイヤモンド（Ruth Deyermond）は、このようなロシアの行動基準の違いをウェストファリア・モデルとポストソヴィエト・モデルという、主権に対する2つのアプローチに分類した。前者は、国家主権こそが国際秩序の根幹にあるという考え方に基づいており、欧米諸国が主導する人道的介入や「保護する責任」といったリベラルな規範はむしろ国際秩序の安定を揺るがすものだとみなす。そのため、国際社会においては何よりも国家主権の尊重が重要だということになる。ただし、このウェストファリア・モデルは、ロシアと旧ソ連諸国の関係には適用されない。両者の関係は、ソ連時代の連邦中央と構成共和国の関係を引き継いだものであり、主権は存在するものの形式的で、浸透性のあるものとみなされる。こうした見方をデイヤモンドはポストソヴィエト・モデルと呼んでいる[30]。

このような2つのアプローチは、ロシアの安全保障、地域大国としてのロシアの地位拡大、アメリカへの挑戦という3つの外交上の目的を実現するために使い分けられている。言い換えると、ウクライナをはじめとするロシアの「勢力圏」を維持し、そこへの欧米諸国の「侵入」を防ぐことが大きな目的に据えられている。

こうした傾向は、2000年代半ば以降に強まった。「勢力圏」という思想自体はソ連解体直後にも見られたが、そこにアメリカ中心の国際秩序への挑戦という要素が加わってきたのは、2000年代半ごろと考えられる。アメリカがイラクの民主化に失敗したことは、その民主化支援政策の正統性を失墜させる出来事だったが、同時期に旧ソ連諸国でカラー革命が起きたことで、ロシアは欧米諸国の民主化支援政策に対する警戒心を強めた。また、この時期は原油高の影響でロシア経済が大きく成長した時期とも重なる。2006年にロシアは対外債務を前倒しで完済し、対外的な自立性も拡大することになった。こうして国力が回復する中で、ロシアは徐々に自国の利益追求に積極的になっていった。そして、リベラルな規範に対抗するために、「主権」概念が利用されるようになったのである。

◆「主権の守護者」としての憲法裁判所の役割

前節で述べたように、2010年ごろからロシアが欧州人権レジームと対立する過程で憲法裁判所は大きな役割を果たした。ロシアが欧州人権レジームに加入した当初は、欧州人権条約の定める規範がロシア国内に適用されることを支持していた憲法裁判所が、なぜ「主権の守護者」の役割を果たすようになったのだろうか。

ソ連末期に創設されたロシアの憲法裁判所は、エリツィンによって一時期活動を停止された経緯から、政権とプラグマティックな関係を維持してきたことが指摘される。ソ連解体後に大統領と議会の対立が激化した際に、エリツィンは議会権限を停止し、抵抗勢力を武力で鎮圧する「エリツィン・クーデター」を起こした。このときに議会側を支持したために、憲法裁判所は16か月間の活動停止に追い込まれた。その後活動再開が認められると、憲法裁判所は、1994年のチェチェン共和国への軍事介入や2004年の地方首長公選制の廃止など、大統領にとって重要な問題には関与しないという姿勢を貫いた。ただし、政権と対立しない姿勢は必ずしも人権保障に否定的だということを意味しない。憲法裁判所は、基本的には市民の権利を守る役割を果たし、欧州人権条約や欧州人権裁判所の判決を参照する姿勢も持っていた[31]。

2000年のプーチン政権誕生以降、憲法裁判所をめぐる制度改革が度々行われ、徐々に憲法裁判所の政権への従属が強まっていった。たとえば、2007年には裁判所の所在地がモスクワからサンクトペテルブルクに変更になり、2009年には長官および副長官の選出方法が、憲法裁判所裁判官による互選から、大統領の推薦と上院の承認に切り替わった。これらの変化は、憲法裁判所の役割が周辺化されるのではないかという懸念を高めた。その一方で、裁判官の任期や定年を変更することで、プーチン・メドヴェージェフ両政権は、自身と良好な関係にあったゾリキンを長官の座にとどめるとともに、裁判官に高給を与えることで、彼らの忠誠も獲得した[32]。このように、政権と憲法裁判所、特にその長官であるゾリキンとの関係が恩顧主義的になるにつれ、憲法裁判所の自立性は侵食されていった[33]。ゾリキンにとって、このような状況で憲法裁判所の立場を守るためには、「主権の守護者」としての役割を果たす必要があった。

5▸ 欧州人権レジームからのロシアの脱退が意味するもの

本章の冒頭で述べたように、ロシアが欧州人権レジームから排除された直接的な理由は、ウクライナへの軍事侵攻にあり、本章で述べてきたような両者の対立の経過は、ロシアの除名に直結するものではない。しかし、ロシアと欧州人権レジームの間では、個人の自由や権利と国家主権のどちらが優越かという争いが10年以上にわたって続けられており、そのことも既存の国際秩序に対するロシアの不満を形成するひとつの要素になっていた。その意味で、ロシアが欧州人権レジームから除名されたことは、これまでの長期にわたる対立が間接的にもたらした結果であると考えることもできる。

この例が示すように、ロシアの秩序観が国際政治の現実から乖離する度合いは近年ますます強まっていた。ロシアの認識では、ロシアの主権は不可侵である上に、旧ソ連諸国はロシアの「勢力圏」とみなされるべきであり、そこへの外部からの侵入はロシアの安全保障上の利益を損なうものだと考えられた。このような認識が現実と乖離する度合いが強まるにつれ、欧州人権裁判所の判決をロシア国内に適用しようとする動きも拒否されるようになった。欧州評議会は、ロシアとの対立が顕在化する中で「対話の重要性」を指摘し続けたが、結果的にはその対話は両者の関係を改善させるには至らなかった。ヨーロッパ全体を包含した秩序形成の試みは、ロシアによるウクライナへの軍事侵攻をきっかけに、大きな挫折を経験することになった。

※本稿はJSPS科研費17K13681、21K01306、21H03681、22H00053の助成を受けたものである。

註

1 ――"The Russian Federation is excluded from the Council of Europe," The Council of Europe (CoE), Newsroom, March 16, 2022. <https://www.coe.int/en/web/portal/-/the-russian-federation-is-excluded-from-the-council-of-europe>〈アクセス2022年12月15日〉; "Russia ceases to be a Party to the European Convention on Human Rights on 16 September 2022," CoE, Newsroom, March 23, 2022. <https://www.coe.int/en/web/portal/-/russia-ceases-to-be-a-party-to-the-european-convention-of-human-rights-on-16-september-2022>〈アクセス2022年12月15日〉

2 ――"Vladimir Putin says liberalism has 'become obsolete,'" *Financial Times*, June 28, 2019.

3 ――Walter Lipgens and Wilfried Loth, eds., *Documents on the History of European Integration Vol 3: The Struggle for European Union by Political Parties and Pressure Groups in Western European Countries 1945-1950* (New York; Berlin: Walter de Gruyter, 1988), pp. 662-666.

4 ――Katlijn Malfliet and Stephan Parmentier, "Russia's Membership and the Council of Europe: Ten Years After," in Katlijn Malfliet and Stephan Parmentier eds., *Russia and the Council of Europe: 10 Years After* (Hampshire; New York: Palgrave Macmillan, 2010), pp. 7-8.

5 ――Rudolf Bindig, "Russia's Accession to the Council of Europe and the Fulfilment of its

Obligations and Commitments," in Malfliet and Parmentier eds., *Russia and the Council of Europe: 10 Years After*, p. 36.

6——Parliamentary Assembly of the Council of Europe, "Russia's Application for Membership of the Council of Europe," Doc.7463, January 18, 1996. <https://assembly.coe.int/nw/xml/XRef/X2H-Xref-ViewHTML.asp?FileID=7397&lang=enL>〈アクセス2022年12月16日〉. 樹神成「欧州評議会議員会議の監視（monitoring）を通してみる現代ロシア法」『三重大学法経論叢』第33巻第1号（2015年11月）10頁。

7——Petra Roter, "Russia in the Council of Europe: Participation å la Carte," in Lauri Mälksoo and Wolfgang Benedek eds., *Russia and the European Court of Human Rights: The Strasbourg Effect* (Cambridge: Cambridge University Press, 2018), p. 43.

8——Alexei Trochev, "All Appeals Lead to Strasbourg? Unpacking the Impact of the European Court of Human Rights on Russia," *Demokratizatsiya: The Journal of Post-Soviet Democratization*, vol. 17, no. 2 (June 2009), p. 148.

9——渋谷謙次郎『法を通してみたロシア国家——ロシアは法治国家なのか』（ウェッジ、2015年）。

10——溝口修平『ロシア連邦憲法体制の成立——重層的転換と制度選択の意図せざる帰結』（北海道大学出版会、2016年）。

11——Постановление Конституционного Суда Российской Федерации (РФ) от 25.01.2001 г. №1-П. *Собрание Законодательства Российской Федерации*. №7. 2001. Ст.700.

12——Постановление Пленума Верховного Суда РФ от 10 октября 2003 года №5 «О применении судами общей юрисдикции общепризнанных принципов и норм международного права и международных договоров Российской Федерации» <http://www.supcourt.ru/documents/own/8334/>〈アクセス2022年12月20日〉

13——Anders Fogelklou, "Russian Legal Reforms and the Council of Europe: Three Steps Forward, Two Steps Back," in Malfliet and Parmentier eds., *Russia and the Council of Europe: 10 Years After*, pp. 83-105.

14——Указ Президента РФ от 16.05.1996 г. № 724 «О поэтапном сокращении применения смертной казни в связи с вхождением России в Совет Европы» <http://kremlin.ru/acts/bank/9357>〈アクセス2022年12月20日〉

15——ただし、ロシア・ウクライナ戦争の開始後に元大統領のドミトリー・メドヴェージェフ（Dmitrii Medvedev）安全保障会議副書記は、死刑モラトリウムを廃止する可能性があることに何度か言及している。«Медведев оценил вероятность возврата смертной казни» РИА Новости. 25 марта 2022 г. <https://ria.ru/20220325/kazn-1779973594.html>〈アクセス2022年12月28日〉；«Медведев предупредил диверсантов, что в моратории на смертную казнь возможны исключения» ТАСС. 2 ноября 2022 г. <https://tass.ru/politika/16228549>〈アクセス2022年12月28日〉

16——Определение Конституционного Суда РФ от 19.11.2009 г. №1344-О-Р. *Собрание Законодательства Российской Федерации*. №48. 2009. Ст.5867.

17——渋谷『法を通してみたロシア国家』289-296頁。

18——Lauri Mälksoo, "Markin V. Russia," *American Journal of International Law*, vol. 106, no.

4 (October 2012), pp. 836-842.

19——Определение Конституционного Суда РФ no. 187-О-О от 15 января 2009 г. <https://www.garant.ru/products/ipo/prime/doc/1690938/>〈アクセス2022年12月20日〉

20——European Court of Human Rights (ECtHR), Markin v. Russia, Appl. no. 30078/06, Judgments of 7 October 2010 (First Section) <https://hudoc.echr.coe.int/eng?i=001-100926>〈アクセス2022年12月28日〉

21——ECtHR, Markin v. Russia, Appl. no. 30078/06, Judgments of 22 March 2012 (Grand Chamber) <https://hudoc.echr.coe.int/eng?i=001-109868>〈アクセス2022年12月20日〉

22——Валерий Зорькин «Россия должна бороться с внешним «дирижированием» правовой ситуацией в стране» *Российская газета*. 29 октября 2010 г. <https://rg.ru/2010/10/29/zorkin.html>〈アクセス2022年12月22日〉

23——«Зорькин допускает выход России из-под юрисдикции ЕСПЧ» право.ru. 22 ноября 2010 г. <https://pravo.ru/news/view/42619/>〈アクセス2022年12月22日〉

24——Постановление Конституционного Суда РФ от 14.07.2015 г. №21-П. *Собрание Законодательства Российской Федерации*. №30. 2015. Ст.4658.

25——Lauri Mälksoo, "Russia's Constitutional Court Defies the European Court of Human Rights: Constitutional Court of the Russian Federation Judgment of 14 July 2015, No 21-П/2015." *European Constitutional Law Review*, vol. 12, no. 2 (September 2016), p. 384.

26——Федеральный конституционный закон от 14.12.2015 г. №7-ФКЗ «О внесении изменений в Федеральный конституционный закон «О Конституционном Суде Российской Федерации» *Собрание Законодательства Российской Федерации*. №51. 2015. Ст.7229.

27——Venice Commission, *Interim Opinion on the Amendments to the Federal Constitutional Law on the Constitutional Court of the Russian Federation*, Opinion No.832/2015, March 15, 2016. <https://www.venice.coe.int/webforms/documents/?pdf=CDL-AD(2016)005-e>〈アクセス2022年12月28日〉

28——Mälksoo, "Russia's Constitutional Court Defies the European Court of Human Rights," pp. 378-380.

29——Jeffrey Kahn, "The Relationship between the European Court of Human Rights and the Constitutional Court of the Russian Federation: Conflicting Conceptions of Sovereignty in Strasbourg and St Petersburg," *European Journal of International Law*, vol. 30, no. 3 (December 2019), pp. 933-959.

30——Ruth Deyermond, "The Uses of Sovereignty in Twenty-First Century Russian Foreign Policy," *Europe-Asia Studies*, vol. 68, no. 6 (July 2016), pp. 957-984.

31——Alexei Trochev, *Judging Russia: Constitutional Court in Russian Politics 1990-2006* (Cambridge: Cambridge University Press, 2008).

32——Alexei Trochev and Peter H. Solomon, "Authoritarian Constitutionalism in Putin's Russia: A Pragmatic Constitutional Court in a Dual State," *Communist and Post-Communist Studies*, vol. 51, no. 3 (September 2018), pp. 201-214.

33——2020年の憲法改正において、憲法裁判所裁判官の人数は19名から11名に削減されたことも、そうした傾向を助長する可能性がある。

第9章

リベラル覇権秩序の正統性の劣化
——規範構造からみた国際秩序の変容

森聡　MORI Satoru

第二次世界大戦終結前後にアメリカが主導して西側諸国の間に形成したリベラルな国際秩序は、冷戦を経て、1990年代以降グローバルに拡大したといわれる。2008年のグローバル金融・経済危機以降、アラブの春やイスラム過激派組織ISILの出現、ロシアや中国による現状変更行動の活発化など、国際情勢の流動性が増すにつれ、リベラルな国際秩序が衰微しているとする議論が増えていった[1]。2016年にイギリスがEUを離脱する決定を下し、アメリカがドナルド・トランプを大統領に選出すると、秩序の中核にあるアメリカのリーダーシップが決定的に劣化するとの見方が広がり、さらに2018年になると、すでに関係を悪化させつつあったアメリカと中国は、対立を本格化させ、世界が2つに分断されるとする議論が現れた[2]。また、2020年春先から新型コロナウイルスの世界的流行が起こり、国際機関を通じた主要国間の国際協力が必ずしも十分な形で実らず、未曽有の犠牲者が出ると、グローバルガバナンスが危機に瀕していると指摘された[3]。そして2022年2月にロシアがウクライナに侵攻すると、国際秩序はいまや崩壊しつつあり、世界は、ロシアを非難する諸国、中立の立場をとる諸国と、ロシアに理解を示す諸国に分かれていると指摘する議論も出てきた[4]。

国際関係論においては、こうした秩序の変容を理論的な見地から分析する試みが活発化し、「覇権秩序論（hegemonic order theory）」なる覇権研究の第三波が到来したとされ、それらには、次のような全般的な特徴があるとされる。

第一に、覇権国の政治や覇権秩序において展開されるバーゲニングや抗争（contestation）、協力といった覇権システム内で作用するプロセスに注目する。第二に、覇権秩序を権力政治の手段、媒体、客体として捉える。第三に、覇権国は他の主体のために国際秩序を一方的に供給するのではなく、自ら生成し遵守してきた秩序によって覇権国自身の対外関係や国内政治が形作られるという知見の導入を試みる。最後に、主導国及び他の諸国からみて、覇権秩序や覇権の秩序付けの動態が、覇権のコストと便益をいかに規定しているかに注目する[5]。本稿は、上記第一の系譜に沿って、リベラル覇権秩序（liberal hegemonic order）として概念化されてきたアメリカ主導の国際秩序とは、そもそもいかなる規範構造を有していたのかを定義し、それはいかなる特性を持ち、それらの特性が何によってどのように変化しつつあるのかを措定した上で、今後の国際秩序において何が問題となるのかについて考察する。

1▸ リベラル覇権秩序とは何か

◆概念をめぐる論争

リベラル覇権秩序とは、G・ジョン・アイケンベリーによれば、アメリカが標榜するリベラルな価値観を反映したルールと制度であり、それはアメリカの指導（command）と諸国家の同意（consent）に基づく国際関係で構成され、もともと冷戦期に西側陣営で涵養された秩序が、冷戦後に市場経済と民主主義の普及という形で西側陣営外部へと拡大していったとされる[6]。

こうしたアイケンベリーの定義に対して、アミタフ・アチャリヤ（Amitav Achariya）やグレアム・アリソン（Graham Allison）などは、それぞれ異なる立場からアメリカ主導のリベラル国際秩序が「神話」だったとして批判した。序章第3節でみた通り、アチャリヤは2014年の時点で、アメリカ主導のリベラル覇権秩序は、①地理的な範囲（限定されている）、②秩序の構築方法（特にイギリスとアメリカによる秩序構築においては同意よりも威嚇と抵抗が多用された）、③秩序がもたらした恩恵（秩序の外にいた途上国にとって決して無害だったとは言えない）、④アメリカの果たした役割（そもそも世界秩序や地域秩序に関するリベラルな構想や規範は必ずしもアメリカ製ばかりのものではなかった）という観点から批判した[7]。

また、アリソンは2018年の論考で、リベラルな秩序に関連したコンセンサスが主張する3つの中心的な命題について、①大国間関係への寄与（過去70年間あまりの大国間関係における平和と安定をもたらしたのはリベラル国際秩序ではなく、冷戦期には米ソの勢力均衡、冷戦後はアメリカの優越であった）、②アメリカの対外関与の目的（リベラルな国際秩序の構築それ自体がアメリカの対外関与の主たる動機であったわけではなく、アメリカは単に自国内における自由主義的民主主義を保全するために必要な行動をとっていただけ）、③トランプの問題性（トランプは既存秩序の主な要素を損なっているものの、世界の安定にとっての脅威というには程遠い）という観点からみて問題があると指摘した[8]。

リベラル覇権秩序という概念に対しては、その他にも批判があるが、こうした一連の論争は、多分に「リベラル覇権秩序」という概念それ自体が価値規範という観点から十分に整理されていないために生じていると思われる。アメリカ主導のリベラル覇権秩序に関するアイケンベリーの定義らしきものの多くは、この種の秩序の機能や特徴について述べたものであり、組織原理それ自体としての説明が不十分である。どの国がリベラル覇権秩序の中にいたのか、あるいは外にいたのかという、その射程範囲ないし妥当範囲をめぐる応酬は、このことを端的に示している。

では冷戦終結後の、アメリカが突出したパワーを有していたいわゆる単極構造の下に存在したリベラル覇権秩序の組織原理としての規範構造とはいかなるものであったのか。リベラル覇権秩序の構造を同定するためには、国際秩序を構成する価値規範が、資格条件と行動基準から成り立つという基本的な理解を前提に、その規範構造を明らかにする必要がある。そこでまずリベラル覇権秩序を規範構造という見地から概念的に定義したい。

◆リベラル覇権秩序の規範構造

さて、一般に国際秩序とは、国家から成る社会の基本的あるいは第一義的な目標を下支えする活動のパターンを意味し[9]、それは個別の国家ないし国家の集団が目標を追求するに際して、それらの国家間のルールに規制された関係を支える公式あるいは非公式なアレンジメントを意味する[10]。ここでいう「基本的な目標」には、それが共有される諸国家の価値が反映され、その目標を保全すべきとする価値規範が成立する。

では国際秩序の根幹を成す価値規範とは、そもそも何なのか。規範を配分的（distributive）規範と規制的（regulative）規範に分類する方法もあるが、これは機能分野別の秩序の分析には役立つものの、秩序それ自体を組成する規範構造に光を照らす上では必ずしも有用ではない。秩序の規範構造を捉える上では、正当な資格条件（rightful membership）と正当な行為基準（rightful conduct）という分類が役に立つ。前者はいかなる政体を秩序内部に迎え入れる正当な存在として成員が互いに認めるか、後者は秩序内部でいかなる行為を正当なものと成員がみなすかを定める規範である[11]。資格条件は、権力を国内でいかに対内的に行使すべきか（国内統治規範）、そして行為基準は、権力を外国に向けていかに対外的に行使すべきか（対外行動規範）を定めた、いわゆる非結果志向的命令と理解することができる。

こうした国内統治規範と対外行動規範を多く共有する国同士は、自らが正当と考える権力行使のあり方が符合することを、外交などを通じて確認するとともに、ルールや各種の取り決めに合意し、その履行を反復することによって互いを正統な存在として認め合うことになる。対照的に、国内統治規範と対外行動規範を共有しない国同士は、そもそも互いに相手の国内外における振る舞いを受け入れがたく、利害が対立しても、一致した原則に基づいて双方が納得する形で決着させることが困難なので、力で決着を図らざるを得ない傾向が強まる。そして、国内統治規範は共有しない（統治体制は異なる）ものの、対外行動規範を一定程度共有する国々とは、利害の一致するところに限って協力の余地が生じる。ただし、国内統治規範まで共有するわけではないので、価値の共有に基づく信頼は相対的に低く、利益に基づいた取引関係に留まる。

広義の国際秩序が一般に、守られるべきと考えられている共通の諸規則や諸制度を共有する国々の間に成立するとすれば、世の中には無数の国際秩序が存在することになる。その中でも特に覇権秩序は、覇権国が含まれる秩序を指し、それは覇権国と価値規範の共有度に応じて諸国家が階層状に分布する認識空間として観念される。以上のような理解に立てば、アメリカ主導の覇権秩序においては、アメリカと諸外国がどの程度国内統治規範と対外行動規範を共有するかによって、三層構造の階層的な秩序が観念されることになる。

第一層は、アメリカと多くの国内統治規範と対外行動規範を共有している国々で、これは一般に市場経済型の先進民主国家ないし「西側諸国」と呼ばれる国々として理解してよい。これらの国は、自由主義的民主主義の政治体制を採用し、市場経済を導入しているといった資格条件（国内統治規範）を満たしている。また、武力による威嚇または武力行使に対する原則的な反対（国連憲章で認められている例外的な武力行使のみ容認）、紛争の平和的解決（合意によらない一方的な現状変更に反対）、貿易自由化（保護主義に反対）、航行の自由（公海の航行とその上空の飛行に対する規制に反対）、基本的人権の保障（内政不干渉を盾にした人権侵害に反対）などといった行動基準（対外行動規範）で一致している。こうした西側諸国の間に存在する秩序は、いわゆる立憲秩序（constitutional order）であり、国家間関係はリベラルな規範やルールに律せられ、高度な信頼と予測可能性を備えている。アメリカと他の国々との間に力の差はあっても、強者による安心供与の秩序が形成される。この秩序の中核にある制度は、防衛面ではアメリカの同盟であり、外交面ではG7といえよう。

第二層は、アメリカと国内統治規範は共有しないが、一部の対外行動規範を共有する国々で、アメリカと利害を部分的に共有しうる実に多様な非民主国家を含んでいる。アメリカは、これら非民主国家との間に利害に基づく取引の関係を築き、協調的な秩序を形成してきた。上記に挙げた対外行動規範の一部をアメリカと共有し、当該国とアメリカとの利害が重なるところで国際協調が実現する。アメリカは、相手の政治体制を問わずに、安全保障パートナーシップを結んだり、貿易と投資を行ってきたりした実績がある。

第三層は、アメリカと国内統治規範も対外行動規範も共有しない国々から成り、かつてアメリカに「ならず者国家」や「悪の枢軸」などと呼ばれたイラン、北朝鮮、イラク、シリア、リビアが含まれていた。国内においては人権侵害を行うほか、対外的にも武力による威嚇や武力の行使に及んだり、テロリズムを支援したり、国際条約に反する形で核兵器の開発を進めるような国々である。アメリカと第一層の西側諸国からみると、これらの国々は、価値規範を単に共有していないと客観的に映るのではなく、価値規範に違反している、すなわちリベラルな規範を侵害していると映るので、それらの国々の権利を制限ないし停止するという意味での制裁を科されたり、場合によっては武力介入の対象とされる。アメリカは、これら第三層の国々を相手に力を行使し、ルールに基づく関係は最小限に留まるため、強者による威嚇・強要の秩序ともいえる帝国秩序が形成される。

リベラル覇権秩序はこれまで述べてきた通り、覇権国がリベラルな価値規範を信奉する大国であり、そのリベラルな価値規範を共有する諸国家を第一層として、それ以外の国々を第二層と第三層として観念する階層的な秩序として理解することができる。（なお、上記の規範構造を有するリベラル覇権秩序の基盤は、筆者が別稿で論じたように、冷戦期のアメリカにおいて、保守的国際主義と進歩的国際主義が融合して形成された[12]。）

2▸ リベラル覇権秩序の特性

アメリカは冷戦終結後、第一層の諸国とはリベラルな規範に基づく関係を持つ一方で、第二層の諸国を相手に、様々な利益を取引する関係を結ぶことによって第一層に取り込む「統合の戦略」を展開し、第三層の諸国に対しては、「介入・制裁の戦略」を展開してきた。リベラル覇権秩序には、階層に応じて多元主義的な側面と普遍主義的な側面があるという二面性を有してきたと言える。一般に「国際秩序が変容しつつある」といわれるが、理論的な見地からは、国際情勢の変化が、リベラル覇権秩序の階層性と二面性に変化をもたらしているのか、もたらしているとすれば、いかなる変化をもたらしているのかが問題となる。そこで本節では、まずリベラル覇権秩序の階層性と二面性とはいかなるものかを措定した上で、第3節と第4節で近年の国際情勢の変化がこれら2つの特性にどのような影響をもたらしているのかを検討する。

◆階層性

ロバート・ギルピン（Robert Gilpin）は覇権秩序について、国際システムで支配的な立場にある国（覇権国）が、システム内の諸国家にステータスと威信を割り当て、対外政策の諸条件を規制し、国際経済秩序を裏書きするとした[13]。国際関係論におけるステータスとは、「価値があるとされる属性に関する特定の国家のランキングについての集団的理解」と定義され、この「価値があるとされる属性」には、富（経済力）、威嚇する能力（軍事力）、文化、人口動態上の位置づけ（人口規模）、社会・政治体制、外交手腕などが含まれるとされる[14]。それは「集団的理解」と定義されているように、ある国が単独で一方的に獲得するものではなく、他国による承認が必要だとされる[15]。一方、威信ないし権威（authority）とは、ある国が他国に指示（command）を出す正統な権利として定義され[16]、「正統」という概念には、やはり他国による同意や是認が含まれる（なお、ギルピンは、国家の威信は、国内政治における権威に相当するものと説明している[17]）。つまりステータスと権威は、社会的に構成される概念であり、デイビッド・レイク（David A. Lake）は、ステータスが高くても権威がない国や、ステータスが高くなくても権威を有する国が存在しうることから、理論的にステータスと権威は区別されるものとしつつ、実際には両者の間に相関関係があると指摘している[18]。

ステータスを規定する「価値があるとされる属性」とは何か、また権威の源泉となる正統性があるのか否かは、一般的には諸国家の集団的な理解に懸かっている。しかし、覇権システムにおいては、覇権国がそうした集団的な理解の形成に強い影響力を行使することになる。すなわち、覇権国の有する属性が事実上、「価値があるとされる属性」とされ、それを多く具備している国々（第一層）は覇権国に高いステータスを認められ、他の諸外国はそれに異を唱えない。また、覇権国や高次ステータスの国々が様々な手段を駆使して、指示する権利について他の諸国の支持を調達できれば、高い正統性に裏打ちされた権威を有することになる。前述したギルピンの覇権秩序における覇権国の機能的な役割は、こうした覇権国の主導性を指摘したものと理解できる。

覇権国が他の諸国にステータスを割り当てる際に、「文化」や「社会・政治体制」が考慮されることに照らせば、価値規範の共有度が意味を持つと考えることができる。規範の共有度の高い国は、高いステータスが付与されるのに対して、規範の共有度が低い国は、低いステータスが付与される。アメリカと価値の共有に基づく信頼本位の立憲秩序を構成する第一層の国々は高位のステータスを与えられ、アメリカと利益の共有に基づく取引本位の協調秩序を構成する第二層の国々は中位のステータス、相互不信に基づく力本位の帝国秩序を構成する第三層の国々は低位のステータスが付与される。代替的な価値体系が不在という構造的特性を有する覇権秩序においては、こうした序列を積極的に承認するか、消極的に黙認せざるを得なくなり、その結果立憲秩序、協調秩序、帝国秩序が階層状に並存することになる。したがって、リベラル覇権秩序の階層性とは、こうした価値規範の共有度に応じたステータスの差異化、そしてそこから生まれる異なる性質の秩序が階層状、かつ実際にはグラデーション状に並存する特性として理解することができる。(立憲・協調・帝国秩序内部では、経済力、軍事力、人口規模、外交手腕に応じてステータスの上下が決まると考えられる。)

◆二面性

次にリベラル覇権秩序の二面性は、どのようなところに認められるのであろうか。ゲオルグ・ソレンセン(Georg Sorensen)は、リベラルな国家と非リベラルな国家との関係はどうあるべきかという問題について、リベラリズムは自制(restraint)と強制(imposition)という相反するアプローチを導出し、これらが本来的に緊張関係にあると指摘した[19]。自由(freedom)に関する2つの認識、すなわち多元主義と普遍主義は、それぞれ前者は自制、後者は強制というアプローチを導くとソレンセンは説く。多元主義は、非リベラルな国家の承認を意味しているわけではなく、そこには国際秩序に非リベラルな国家を包摂することによって、それらの国々の国内における変化をリベラルな方向に向かわせる上で最善の環境が提供されうるという進歩的な期待に基づいており、国家の変容は、当該国の市民が第一義的に担うべきことであって、外国がそこに介入すれば、帝国主義と化すという理解がある。これに対して普遍主義は、自由は国家のためのものではなく、あくまで個人のためのものであり、国家の国際的な正統性は、個人の自由を保障しているという国内的な正統性に依拠しているとの理解に立っている。このため、市民の個人的な権利を保障できずに、その重大な侵害に及んでいるような国家は、外部からの正統な介入の対象になりうるという考え方を導く[20]。こうしたリベラリズムの普遍主義と多元主義という二面性は、アメリカ主導のリベラル覇権秩序において、次の3通りの方法で顕れてきた。

第一に、覇権国アメリカと第一層の国々が共有するリベラルな規範に立脚した立憲秩序においては、普遍主義が（少なくとも建前上は）貫徹されてきた。個人の自由と尊厳を最大限保障しようとする自由主義的な価値観を、人権や法の支配として国内制度で保障する国内統治規範、さらには個人の自由を広い意味で国家が保障するために必要な平和を担保する紛争の平和的解決原則、経済活動を促進して個人の福利厚生を高めるための貿易自由化原則などをはじめとする対外行動規範を遵守することによって実現してきた。覇権国アメリカと西側諸国は、互いの権力行使をリベラルな規範で自己拘束し、その中で互いに負う義務と、互いに承認する権利を明定し、不完全ではあるにせよ、普遍主義を貫徹するという建前の下でリベラルな秩序を構成してきた。

第二に、アメリカ主導のリベラル覇権秩序においては、階層を横断する形で多様な国がメンバーシップを得た多国間制度の形成と運営が容認ないし促進されてきたという包摂的で多元主義的な側面もある。覇権国アメリカを含む最も広範なメンバーシップを提供してきたのは国際連合であり、第一層、第二層、第三層すべての国を包摂し、アメリカと西側諸国は、各種の国際問題に多国間交渉を通じて取り組んできた。安全保障理事会の常任理事国5カ国は大国で構成されているが、そのメンバーシップは第一層と第二層の大国で構成されている。また、ヨーロッパ安全保障協力機構（OSCE）やASEAN地域フォーラム（ARF）といった地域安全保障協力の枠組みや、アジア太平洋経済協力（APEC）といった地域経済協力の枠組みにおいても、同様に層を横断する参加国の間で多国間交渉を重ねてきた歴史がある。そこでは一定の共通規則・手続に則って、共通の利益を追求してきたが、こうした制度的協力においては、参加国の政治体制などの属性に応じて権利・義務関係を差別化することなく、最大公約数の合意形成を目指してきた。こうした多国間交渉の場は、リベラル覇権秩序の階層性を相対化するという意味合いを持っており、その意味において多元主義が発露していたといえる。なお、覇権国アメリカには、こうした多国間制度を作らず、階層に応じて権利・義務関係の差別化を図って覇権秩序を運営するという選択肢もあったが、そうした選択は行わずに、あくまで多様な社会・政治体制の国々を包摂するメンバーシップの多国間制度を維持したのは、国内における多元主義的なリベラリズムが対外的に投影されたからであろう。

第三に、アメリカと西側諸国が、それ以外の国々に対して、普遍主義原則（ないし普遍的価値）を投射する取り組みがあり、これには支援、要請、強要という3つの形態があった。支援と要請は、第二層と第三層の諸国を、第一層に取り込もうとする「統合の戦略」の一環として、強要は「介入・制裁の戦略」として理解できる。まず「支援」とは、ある国が自己変革を行って第一層へのメンバーシップを獲得しようとする際に、各種の援助を実施して自己変革を後押しするような取り組みを指す。東ヨーロッパ諸国によるNATOやEUへの加盟、あるいはフィリピンや韓国などによる民主化などのケースでは、それらの国々内部で発生した自由主義の実現を求める動きに呼応する形で、アメリカや西側諸国が「支援」を実施した。

また、「要請」とは、援助と引き換えに、リベラルな規範を受容する自己改革を求めるアプローチをさす。アメリカや西側諸国が主導する国際通貨基金（IMF）や世界銀行が、金融危機に陥った国に対して金融支援を実施する際に求めた経済・財政改革等を含む諸条件（コンディショナリティ）などは、当時「ワシントン・コンセンサス」と呼ばれたように、リベラルな政策ないし制度を被支援国に受容するよう迫るものであった。この手法は、第一層の一部の西側諸国が、第二層諸国を強引な形で改革させようとする際に採られたものであった。支援と要請は、いずれも覇権国アメリカと西側諸国が、経済援助や技術協力など、機能分野別に各種のリソースを提供し、そのことによって機能的な正統性を高めていたと言える。

そして「強要」とは、武力介入や経済制裁などによって体制転換を迫るアプローチを指す。ポスト冷戦期においては、イラク戦争がこの代表例にあたろう。アメリカによるイラク攻撃は言うまでもなくいくつもの動機が絡み合った結果ではあったが、リベラル覇権秩序のリベラル性という観点から見たとき、それは普遍主義を最も強制的な手法によって実現しようとした取り組みであった。その実行に際しては、第一層の西側諸国の間でも立場が厳しく対立し、アメリカの力の行使のあり方に対する諸国家の疑念が深まり、アメリカの権威が落ちることになった。

3▸ リベラル覇権秩序の階層性の劣化

リベラル覇権秩序の規範構造は、階層性とリベラルな特性を有していたが、それは単なる観念的なコンストラクト（構築物）ではなく、現実の覇権国アメリカおよび西側諸国の外交・防衛の運営に作用してきた。それがいま動揺し崩壊しつつあるといわれる。いかなる事象が、リベラル覇権秩序の規範構造にどのような影響をもたらしていると考えられるのか。

秩序の変革は、戦争によって起こる場合もあれば、戦争を経ずして起こる場合もある。前者においては、現状維持勢力と現状変革勢力の軍事バランスや軍事戦略が重要な要素となり、後者においては、両勢力が標榜する価値規範の国際的な正統性をめぐるバランスや外交戦略が重要な意味を持つ。アメリカ及び西側諸国と、中国及びロシアとの間の国際秩序をめぐる戦略的な確執は、軍事と外交の両面で競争状態に入っていると理解することができるが、本稿では後者の競争に焦点を絞る[21]。

冷戦終結後、アメリカと西側諸国は、主に支援と要請のアプローチを通じて、中国とロシアを第一層に取り込もうとした。覇権国アメリカの後押しもあり、ロシアはG8の一員となり、中国は世界貿易機関（WTO）の加盟国となった。しかし、2008年のグローバル金融・経済危機は、欧米諸国の発展の展望を著しく悪化させ、欧米諸国は富と経済運営という面でステータスを落としただけでなく、第一層の国々が内向化し、漸進的なルール違反に対する制裁を科す気運を後退させ、さらにはリベラルな価値規範に否定的な指導者がアメリカで登場するに至った。

こうしたなかで中国は、南シナ海における一方的な現状変更行動、東シナ海における威嚇的な行動、サイバー空間における産業・個人情報の窃取などといった形で、アメリカと西側諸国が重視するリベラルな対外行動規範に反する行動をとった。また、中国については、国内社会の統制強化、国家主席の任期撤廃、香港での民衆の弾圧、新疆ウイグル自治区における人権侵害といった政策がリベラルな国内統治規範に反するものとして第一層諸国からみなされることになった。ロシアによる2014年春の違法なクリミア併合やドンバス地方への干渉、シリア内戦への介入などは、リベラルな対外行動規範に反する行為とみなされ、ロシア国内で政治活動を事実上制限する措置なども、リベラルな国内統治規範に反するとみなされ、アメリカと西側諸国の反発を招くことになった。ロシアと中国は、リベラルな規範に反する行動を活発化させた結果、アメリカと西側諸国の対露認識と対中認識は悪化し、ロシアはG8から追放され、中国に対しては輸出管理措置や追加関税措置などが講じられるようになった。こうした中露の一連の動向は、リベラルな規範に反する行動を重ねるものであったため、両国を第一層に取り込もうとする「統合の戦略」は頓挫したとみなされるようになった。

中露による現状変更行動の実態は、随所ですでに詳述されている通りであり、ここでは繰り返さない。むしろ本節では、第三国に影響をもたらしている中露両国の動向や取り組みを取り上げて、それらがリベラル覇権秩序の階層性にいかなる変化をもたらしているかを考察する。そこで以下では、中国による経済的台頭、中国とロシアによる多国間制度の結成、リベラルな価値に否定的な非自由主義的な非国家主体による活動の活発化、中露が第一層諸国に対して展開している情報活動を取り上げる。理論的な見地から、これらの取り組みが、中露が国家主権至上主義を前提とした秩序の正統性を高め、リベラル覇権秩序の正統性を劣化させようとするものであることを論証する。ここでは冷戦終結後の国際関係の主な変化の動向を捉えたアレクサンダー・クーリー（Alexander Cooley）とダニエル・ネクソン（Daniel H. Nexon）による共同研究[22]などを参照しながら、秩序論という観点から、上記の変化がリベラル覇権秩序の階層性と二面性にもたらした影響について考察する。

◆中国の経済的台頭

21世紀初頭における中心的な国際政治上の最大の変化は、中国がアメリカに挑戦する大国として登場したことであるのは言を俟たない。中国は、国力を増勢させることによって、2通りの方法でアメリカと西側諸国のステータスと権威を掘り崩している。まず中国は、リベラル覇権秩序においては、第二層にあったが、2001年にWTOへの加盟が発効し、世界との貿易を通じて急速な経済成長を遂げた。この過程で中国は、一時政治的自由化に向かったかに見えたが、その後中国国内における社会統制は厳しさを増したので、第一層に入らずして、第一層の西側諸国を凌駕する経済規模を実現した。一人当たりの国内総生産（GDP）は、依然として高くないが、全体的な規模においては世界第2位の経済大国として、その経済的ステータスは大きく上昇した。

しかし、それ以上に重要な意味を持ったのは、これまで市場経済型の自由主義的民主主義国家になり、第一層に入ることが国家の発展ないし近代性（modernity）の実現にとってのいわば黄金律とされていた従来の理解が、中国の経済的躍進によって修正されることになったということである。リベラル覇権秩序において、市場経済型民主主義を採用する欧米諸国がグローバル金融・経済危機でステータスと権威を相対的に低下させる中、国家資本主義型権威主義の正統性が相対的に高まったのである。無論、中国も経済・社会問題を抱えているが、目覚ましい経済成長は、それらを覆い隠す効果を持った。これは中国が第二層を、第一層と並立する別の最上層を形成する形で上方に延伸させ、第一層と中国との階層的な関係を修正しようとする現象として捉えることができる。

また、中国は自国の国力を増進させるのみならず、海外投資や対外援助を拡大して対外経済進出を大胆に進めてきた。これは投資や援助を受ける国々の間において中国自身のステータスを上げる効果を持っただけではなく、リベラルな改革を求める西側諸国の権威ないし正統性を削ぐ効果を持っている。中国は、2008年のグローバル金融危機をきっかけに、各国への借款と緊急金融支援の提供国として存在感を増すのみならず、2014年には対外援助額においてもアメリカを追い抜いた[23]。「一帯一路」構想(BRI)は、中国による対外経済進出事業としてあまりにも有名であり、その対象は、第二層のみならず、第一層の国々にまで及んでいる。クーリーとネクソンは、AidDataイニシアティブ(援助データをクラウドソースする取り組み)が提供する中国の開発援助や投資に関する包括的なデータに基づく研究を踏まえて、中国の援助や投資がもたらしている政治的な効果の一つとして、中国の金融支援を受ける国で、中国と西側主導の開発金融機関との貸し手をめぐる競合が起こり、その過程で後者が被援助国に求めるコンディショナリティ(経済自由化のための改革等を含む支援条件)が希釈されるという「アンゴラ効果」を挙げた[24]。つまり、被援助国は、中国から援助や投資を受ける可能性を梃子にして、西側の国際金融機関を相手に交渉し、コンディナショナリティの削減を求めるということが起こっている[25]。こうして中国のような国が中小国の後見役となりうる時代が到来したことで、かつてアメリカと西側諸国が、中小国にとっての後見役を独占していた時代は終わり、それら中小国は、アメリカの覇権システムの「下から離脱」していると、クーリーらは論じている[26]。ここでもアメリカや西側諸国が投資や経済援助を提供することで得ていた高位のステータスが失われるのみならず、第一層によるワシントン・コンセンサスを被援助国に「要請」するアプローチを通じてリベラルな規範を普及ないし拡大させる取り組みの推進力が削がれていると理解できよう。

グローバル金融危機以前のアメリカと西側諸国の隆盛期には、非民主的な政治体制をとる第二層諸国にとって、自国の安全保障や経済発展を推進する際に、第一層の西側諸国ないし西側の国際機関から政治的自由化と経済的自由化をコンディショナリティとして要求される事態は、そうした要求を拒否する自由があったにしても、経済・財政の破綻を避けるために受諾するほかない状況に追い込まれた国にとっては、リベラルな規範の受容の「要請」は、事実上強要に近い形をとった。東ヨーロッパ諸国のように、自己改革に取り組んでEUやNATOに加盟を果たした国々もあったが、こうしたケースばかりではなかった。このような状況下で、中国が第二層の国々にとって投資や経済援助を提供する新たなドナーとして現れたことは、中国が自らの機能的な正統性を高め、改革を迫っていた西側諸国の機能的な正統性を相対的に低下させる意味合いを持っていたといえよう。

◆中露による国家主権至上主義に基づく連合形成

中国はロシアとともに、リベラルな規範の受容を条件としない、利害共有国が連携する多国間制度を積極的に構築して、そこで自らの影響力を拡大するとともに、人権などをはじめとするリベラルな規範の相対化を図ってきた。アジア相互協力信頼醸成措置会議（CICA）や上海協力機構（SCO）、集団安全保障条約機構（CSTO）、BRICS、ユーラシア経済同盟（EAEU）、アジアインフラ投資銀行（AIIB）、新開発銀行（NDB）をはじめ、1990年から2018年にかけてロシアや中国が参加する形で立ち上げられた主な多国間協力の枠組みは16に上る[27]。こうした多国間協力の枠組みは、直ちに既存の秩序を覆すようなものではなく、現状打破を目標として掲げているわけでもない。しかし、こうした多国間協力の参加国間のネットワーキングの密度が増し、協力関係を形成しやすくする機能を果たし、新たな秩序の重要な部分を構成するようになっているとクーリーらは主張している[28]。例えば、SCOでは、「文明の多様性を互いに尊重する」原則などを強調して、相互の信頼や協力を進めるなどと謳い、リベラルな価値を排除していく集団的な取り組みも展開してきている。

また、一般に上記のような多国間協力の枠組みは、ほとんど実質的な意味を持たない対話の場に過ぎないとして軽視されるが、中国とロシアは、こうした多国間協力の枠組みにおいて軍事・経済・外交上の協力を深化させ、それらの枠組みに参加する第二層及び第三層諸国との間で、人権に対する国家主権の優越や、そのコロラリーとしての内政不干渉原則を確認しているため、リベラルな規範を相対化しようとする取り組みとして理解できる。

また、西側諸国が主導する国際機関や地域枠組みの機能的な活動を阻害する場面も出てきていると指摘されている[29]。例えば、ロシア政府は、社会における組織化された宗教の自由の重要性や家族の中心性を強調し、LGBTQの権利に反対して、「伝統的価値観」と称した対抗規範を国連人権理事会などのグローバルな国際機関や地域枠組みの中で唱道してきている[30]。つまり、グローバルな国際機関においても、国家主権至上主義を普及させ、リベラルな規範をやはり相対化しようとする取り組みと理解できる。

◆非自由主義的な非国家主体の活発化と中露による情報戦

主に第二層の国々は、リベラルな価値の普及や推進に取り組む各種のNGO団体による活動を禁止ないし規制してきたほか、非リベラルな右派団体などの非国家主体が活動を活発化させ、その一部をロシアが支援している。1993年から2012年にかけて、39か国の政府は、自国内のNGOが外国から助成金を受けることを禁止する法律を制定したが、うち33か国は2002年以降にこうした法規制を制定しており、リベラルな価値を普及ないし推進してきたNGOの活動が制限される傾向が増してきた[31]。同時に政治的リベラリズムや冷戦後の国際秩序を嫌悪ないし忌避する団体や運動が活発化し、それらは各種の争点をめぐって立場が不一致の場合も少なくないが、活動を越境的に展開している[32]。これらの団体・運動の多くは、移民に対して不信感や敵意を抱いたり、西側文明を主に白人文化の共同体として理解したり、多文化主義を伝統的な西側の価値やアイデンティティを破壊するものと解釈したりするほか、しばしば女性、家族、性的マイノリティの地位に関して保守的な立場をとるとされる[33]。リベラルな価値規範に、諸国家の内部から対抗規範が提唱されるようになる動きを、クーリーらは「内部からの離脱」と呼んでいる。

一方ロシア政府は、こうした各種の右派団体のトランスナショナルな連携を仲介する取り組み（brokerage）を進めてきた。クーリーらによればロシアは、例えばアメリカ発祥のキリスト教右派団体の世界家族会議（WCF）のような活動団体の会議を招致し、自国内の保守団体とのネットワーキングを促進した。WCFはモスクワのみならず、トビリシやブダペストでも会議を開催し、ブダペスト会議においては、ヴィクトル・オルバーン（Viktor Orban）ハンガリー首相が開会の挨拶で、物事を相対化するリベラルなイデオロギーは家族への侮辱だとして、こうした価値に導かれているEUは問題だと批判した[34]。単にリベラルな価値規範を否定するだけではなく、対抗規範を使って排除する手法がとられている。

また、ロシアと中国は、かつて「シャープパワー」と呼ばれた情報戦を展開して、アメリカや西側諸国の民主政治の信頼性を貶めたり、世論を誘導したりする工作を展開し、第一層の価値規範のステータスと権威を能動的に低下させる取り組みを展開してきた。まずロシア政府は、覇権国アメリカの社会における亀裂を深め、リベラルな価値や秩序を嫌う勢力と連携する工作を進める取り組み（wedge strategies）も進めてきているとされる。ロシア政府は、工作員を使って全米ライフル協会（NRA）などアメリカ国内の有力な右派団体などと協力関係を作り、ロシアの資金が洗浄された上でリベラルな秩序に反対するトランプや共和党候補者の選挙に使われるような仕組みが作り上げるという手法をとった[35]。また、ロシアはサンクト・ペテルブルグに本拠を置く企業インターネット・リサーチ・エージェンシー（IRA）を使って、移民、宗教、人種といったアメリカ政治・社会において厳しく意見の対立する争点に関し、特にフロリダ州、ペンシルベニア州、ミシガン州などの激戦州で、左派と右派双方の扇情を狙ったSNS上の大規模発信（3600個のアカウントから2016年中に900万件以上の発信）を行うという手法もとった[36]。これらの取り組みが実際に選挙結果にどの程度の影響をもたらしたかを検証するのは困難であり、リベラルな価値に否定的な立場をとる非国家主体が、すべてロシアに操縦されているわけではないが、リベラルな国際秩序を維持し推進するアメリカの意思と能力を攪乱し、その正統性を貶めようとする目的で、ロシアがアメリカの国内外の非国家主体を利用してきたことは注目に値する[37]。

一方の中国も、いわゆる「話語圏」[38]をめぐる取り組みを強化し、国外におけるプロパガンダ活動を活発化させている。中国の政策や中国共産党への批判に対して、それを封じ込めるための攻撃的な言説をさまざまな手段を用いて展開するなど、中国のグローバルなリーダーシップに対する好意的なイメージを拡散するための宣伝活動を実施している。こうした取り組みは、中国外交部、国務院新聞弁公室、国家安全部、中国サイバースペース管理局、共産党中央統一戦線工作部、人民解放軍情報戦部門などをはじめとする政府・党・軍の機関などによって組織的に展開されているといわれる[39]。

ロシアと中国によるネット空間を利用した情報戦には違いもあるが、近年中国の手法がより攻撃的になってきていると指摘されている。ロシアは、アメリカと西側諸国の民主主義体制の正統性を貶めるべく、ソーシャルメディアを活用した大規模なディスインフォメーションを展開し、標的国で分断と混乱を引き起こす攪乱的な手法をとってきた。これに対して中国は、自国の文化や伝統に対する好意的なイメージを作り出すためのオンライン言説を拡散するという建設的な手法をとってきた。また、ロシアがソーシャルメディアに偽情報などを大規模に流す「フラッディング」という手法で、不都合な情報を偽情報などで希釈するのに対し、中国は検閲や経済的な圧力によって、不都合な情報を削除したり撤回を強要するなどして抑圧してきた[40]。このようなアプローチの違いがあるため、中国とロシアの情報活動がどこまで調整されているかは定かではないものの、近年中国の情報活動が以前と比べてより攻撃的になりつつあるとの指摘もあり[41]、それは新型コロナウイルスの発生源をめぐって、中国がいわゆる「戦狼外交」を展開した事にも表れている。中露両国は、アメリカによるリベラルな規範の推進を脅威とみなし、特に2014年以降は、民主主義が混乱に満ちた非効率な政治制度であるとする言説を積極的に流布する攻勢に出ており、①自由主義的民主主義の規範や制度を損なう、②民主主義諸国間の結束を弱める、③アメリカの世界的な影響力を削ぐ、④中露の立場を推進するといった目標を中露は共有しているとされている[42]。

こうしたリベラルな規範を拒絶し、それに対抗する非自由主義的な非国家主体のトランスナショナルな連携については、もしそれが第一層の西側諸国の中で、政治勢力として影響力を拡大していけば、それは第一層の西側諸国の間におけるリベラルな規範の共有度の低下を招くので、これまで第一層で成立してきた立憲秩序が劣化することになる。仮にこうした状況が、ロシアや中国による情報戦によってさらに進行して蔓延していくとすれば、国家の安全保障と経済発展のために協力する第一層諸国の意思と能力は低下し、第一層のステータスと権威も自ずと低下していくことになる。そうなれば、本節前半で述べたリベラル覇権秩序の階層性と普遍主義が失われていくことになり、秩序は再編を迎えることになる。

4▸ 普遍主義と多元主義の緊張関係の先鋭化

本稿を結ぶにあたって、まず前節で指摘したリベラル覇権秩序の階層性がいかに劣化しているかを確認したい。第一に、中国の経済的台頭は、リベラル覇権秩序の階層性に次のような変化をもたらしている。まず中国が国家資本主義型権威主義のモデルに沿って飛躍的な経済成長を実現したことにより、リベラル覇権秩序の第一層の資格条件である市場経済型民主主義を満たさずに自国のステータスを上昇させ、第一層と並立する形で第二層を上方に延伸させて、第二層上部の最上層化を進めてきた。また、中国は投資や開発援助を駆使して対外経済進出を図ることにより、投資や援助を必要とする第二層の中小国に対して、リベラルな規範を受容せずして支援を獲得する方途を用意した事で、投資・援助面における自国の機能的な正統性（権威）を高めた。これにより、リベラルな規範を相対化する国家主権至上主義を保全する余地を広げるとともに、覇権国アメリカと西側諸国によるリベラルな規範の推進力を削いでいる。

第二に、中国とロシアの対外戦略は、リベラル覇権秩序の階層性に次のような変化をもたらしている。中露両国は、多国間制度を重層的に形成することによって、第二層の内部で、安全保障ないし経済の分野で第三国に各種の支援を提供して、各々の機能的な正統性を高めるとともに、国家主権至上主義に基づく非リベラルな秩序の下における参加国間の共通利益の涵養を促進しようとしてきた。また、中国とロシアは、アメリカと西側諸国を相手にそれぞれのアプローチで情報戦を展開し、特にロシアはアメリカにおける政治的・社会的分断とそこから生じる混乱を煽り、市場経済型民主主義の正統性を貶め、第一層のステータスと権威を低下させようとしてきた。

こうした中国の経済的躍進と中露による対外戦略は、第1節で定義したリベラル覇権秩序の三層の規範構造において、中国とロシアが、第二層の正統性を高め、第一層の正統性を低める取り組みを展開していると理解されうる。しかし、アメリカや西側諸国から見れば、中露両国の取り組みは、リベラル覇権秩序において第一層諸国が第二層諸国に対して展開してきた「統合の戦略」を阻止するのみならず（リベラルな対外行動規範の否定）、国家資本主義型権威主義の正統性を高め、市場経済型民主主義の正統性を低下させることによって（リベラルな国内統治規範の否定）、第一層諸国のステータスと権威を損なう取り組みとして受け止められることになった。また、第3節冒頭で指摘したように、中国とロシア自身がリベラルな国内統治規範と対外行動規範に反する行動を重ねてきたため、アメリカや西側諸国から見れば、中露両国が第二層から第三層に踏み込んでいるように映る。

第二層と第三層の違いは、リベラルな対外行動規範の共有の度合いにあるので、厳密な境界線があるわけではないが、中国とロシアがリベラルな対外行動規範に反する行動を重ねるほど、アメリカと西側諸国は、両国が第三層に向かっていると理解するため、中国とロシアの正統性は低下していく。こうして中国とロシアとの関係が悪化していく中、アメリカと西側諸国が構成するリベラルな秩序は、むしろ強化されている。中国とロシアによるリベラルな規範に反する行動や、リベラル覇権秩序の階層性を掘り崩す一連の行動によって、第一層のアメリカと西側諸国は、リベラルな価値規範を再確認し、連携しながら中露への対抗姿勢を強めている。事実、ロシアについては、2014年春にクリミアを併合したことを受け、G7諸国はG8からロシアを追放し、2022年2月にロシアがウクライナ侵攻に及ぶと、アメリカと西側諸国は広範にわたる制裁をロシアに科した。

また、中国については一時、既存秩序を全面的に覆そうとしているのか否かをめぐって論争が生じたのは、中国を第二層勢力とみるか、第三層勢力とみるかをめぐってアメリカや西側諸国の国内で見解が分かれたためだったと考えられる。しかし、アメリカは、トランプ政権が2017年12月に出した「国家安全保障戦略」において、中国とロシアを「現状変革国家(revisionist power)」と性格付け[43]、バイデン政権が2022年10月に発表した「国家安全保障戦略」も、中国を「国際秩序を変革する意図とともに、この目標を達成する経済的、外交的、軍事的、技術的なパワーをますます手に入れつつある唯一の競争相手(the only competitor)」[44]とみなしている。また、日本政府が2022年12月に発出した「国家安全保障戦略」は、中国について、「我が国の平和と安全及び国際社会の平和と安定を確保し、法の支配に基づく国際秩序を強化する上で、これまでにない最大の戦略的な挑戦」であるとしている[45]。さらに、EUは2022年4月付の対中関係に関する公式文書において、2019年3月12日付の共同声明「戦略的アウトルック」で示された対中アプローチは依然として有効であるとして、中国は、「協力のためのパートナーであり、経済的な競争相手であり、システミックなライバルである」としている[46]。このような認識の下、アメリカと西側諸国は、外交、情報、防衛、経済などの分野で協力関係を拡大し深化させている。

第一層の秩序を強化する取り組みが進められる中、アメリカのバイデン政権は、中露との競争的な関係などを念頭に、「民主主義対専制主義」という図式を掲げた[47]。そこには、民主主義が国内と国外の双方から脅かされているとの認識があり、こうした脅威に対しては、民主主義を強化し、国力を増進させ、同志国と連携することによって中露との競争で優位に立ち、民主主義が専制主義以上に平和と発展をもたらすことを証明すべきとの考えがある[48]。これは第2節で取り上げたリベラリズムの普遍主義的側面を強調する考え方であり、これを強調し過ぎれば、第二層の国々を疎外し、国家主権至上主義に基づいた中露主導の秩序が普及しやすい環境を作り出すことになる[49]。したがって、アメリカと西側諸国が、中露以外の第二層の非民主主義諸国との関係を維持ないし強化していくためには、多元主義を織り交ぜた関与のアプローチが求められる。その際には、関与対象とする非民主国家について、どこまで非リベラル性を黙認するのかという難題が立ちはだかることになる。例えば、人権侵害や腐敗を抱えている第二層国家との協力を進める際に、それらの諸問題が存在しないかのように協力ないし支援を進めれば、人権侵害や腐敗を持続させたり助長したりすることになりかねない。かといって、何のための協力・関与なのかを問い、普遍主義の貫徹に回帰しても、秩序戦略という観点からの問題の解決にはならない。

つまるところ、アメリカと西側諸国は、人権侵害や腐敗の助長に直結しないような分野で第二層諸国との協力関係を作り、それらの国が、中国やロシアに一辺倒となり、そのステータスや権威を高く評価するような状況が顕れないようにするという消極的な目標の下に秩序戦略を構築せざるを得ない。

5▸ 新たな秩序戦略の課題

普遍主義と多元主義の狭間でバランスを取り、短期的な成果が出ないことを織り込んだ、「長期の、辛抱強い、しかも確固として注意深い」関与戦略をアメリカと西側諸国が実行できるかどうかが問われており、その成否がリベラルな秩序の将来的な普及の余地を保全できるかどうかを決める1つの重要な要因になると考えられる。

しかし、覇権国アメリカでは政治的分極化が進行し、共和党と民主党の内部で、国際主義的な勢力と一国主義的な勢力がせめぎ合っている。中山俊宏は、ジョージ・パッカー（George Packer）が示した「フリー・アメリカ」と「リアル・アメリカ」という保守のナラティブと、「スマート・アメリカ」と「ジャスト・アメリカ」というリベラルのナラティブを使って、4つの独特の対外観がアメリカの中に生まれ、「それぞれが、異なった『世界』を認識し、その認識が重なり合うことがないまま、退潮傾向を後押しするような状況を加速させている」と指摘した[50]。アメリカは大統領選挙や連邦議会選挙のたびに、このいずれの対外観が主流化するか分からないため、普遍主義と多元主義の間でバランスをとり続けるといった繊細な芸当はできそうにない。アメリカが普遍主義と多元主義をバランスさせる微妙な外交を展開できないとすれば、それができる西側諸国がその役割を果たすよりほかない。また、市場経済型の先進民主国家の経済的な正統性を高めるためには、同志国との貿易と投資の拡大を通じて国際経済秩序を積極的に推進できる国がリーダーシップを取っていく必要がある。つまり、第一層の中で覇権の「共有」が行われるかどうか、そして第二層諸国に対して普遍主義と多元主義を織り交ぜた微温的な外交を展開できるかどうかが、大国間競争の時代における市場経済型先進民主国家の秩序戦略の中核的課題となっているのである。

註

1 ――サイモン・ライシュ（Simon Reich）とリチャード・ルボウ（Richard Ned Lebow）、アチャリヤなどはトランプ選出以前からアメリカ主導の国際秩序の覇権的性質それ自体に疑問を投げかけていた。Simon Reich and Richard Ned Lebow, *Good-Bye Hegemony: Power and Influence in the Global System* (Princeton: Princeton University Press, 2014); Amitav Acharya, *The End of American World Order* (Cambridge: Polity, 2014); Idem, "After Liberal Hegemony: The Advent of a Multiplex World Order," *Ethics and International Affairs*, vol. 31, no. 3 (Fall 2017), p. 272.

2 ――Richard Haass, "How a World Order Ends: And What Comes in Its Wake," *Foreign Affairs*, vol. 98, no. 1 (January/February 2019), pp. 22-30.

3 ――パンデミック以前からグローバルガバナンスの必要性が認識されながらも、現実には実効性を欠いているとする見方を意見調査によって明らかにした報告書として次がある。Kemal Derviş and Sebastian Strauss, *Global governance after COVID-19* (Washington D.C.: The Brookings Institution, July 2021).

4 ――例えば次を参照。The Economist Intelligence Unit, "Russia can count on support from many developing countries," March 30, 2022, <https://www.eiu.com/n/russia-can-count-on-support-from-many-developing-countries/> <アクセス2022年12月2日>

5 ――こうした流れの中で、アイケンベリーとネクソンは、国際関係論における覇権研究の第3波が到来しているとして、2019年の『セキュリティ・スタディーズ』誌上で「覇権研究3.0」と題した特集号を組んだ。覇権研究の第一波が、もっぱら物質的要因に注目して覇権システムを理解しようとする、いわゆる覇権安定論や権力移行論を軸に展開したのに対し、第2波は、2001年の9．11同時多発テロ事件以降のアメリカを念頭に、覇権秩序の安定性を問うた。第2波では、単極構造下のアメリカの覇権秩序が帝国秩序といかに異なるのか、いかなる条件下で覇権国に対抗する現状変革国家が出現するのか、そして公共財の供給コストによって覇権国の衰退は不可避なのかといった論点を扱う研究が登場した。G. John Ikenberry and Daniel H. Nexon, "Hegemony Studies 3.0: The Dynamics of Hegemonic Orders," *Security Studies*, vol. 28, no. 3 (2019), pp. 395-421, 398-399.

6——G. John Ikenberry, *A World Safe for Democracy: Liberal Internationalism and the Crises of Global Order* (New Haven: Yale University Press, 2020), pp. 180-181. リベラル覇権秩序に関するアイケンベリーの概念上の定義や説明については、本書序章第3節を参照。ここで再録しない。

7——Achariya, *The End of the American World Order*, pp. 50-55.

8——Graham Allison, "The Myth of the Liberal Order: From Historical Accident to Conventional Wisdom," *Foreign Affairs*, vol. 97, no. 4 (July/August 2018), pp. 124-133.

9——Hedley Bull, *The Anarchical Society: A Study of Order in World Politics* (London: Macmillan, 1977), p. 8.

10——Muthiah Alagappa, ed., *Asian Security Order: Instrumental and Normative Features* (Stanford: Stanford University Press, 2003), p. 39.

11——Ian Clark, *Legitimacy in International Society* (Oxford: Oxford University Press, 2005), pp. 25-29.

12——森聡「リベラル国際主義への挑戦——アメリカの二つの国際秩序観の起源と融合」『レヴァイアサン』第58号(2016年4月)23-48頁。

13——アイケンベリーとネクソンによる要約的定義は次を参照。Ikenberry and Nexon, "Hegemony Studies 3.0," p. 402. ギルピンの原文の該当箇所は次の通り。Robert Gilpin, *War and Change in World Politics* (New York: Cambridge University Press, 1981), pp. 27-37.

14——Deborah Welch Larson, T.V. Paul, and William C. Wohlforth, "Status and World Order," in T.V. Paul, Deborah Welch Larson, and William C. Wohlforth eds., *Status in World Politics* (New York: Cambridge University Press, 2014), p. 7.

15——Ibid., p. 10.

16——David A. Lake, *Hierarchy in International Relations* (Ithaca: Cornell University Press, 2009), p.8.

17——Gilpin, *War and Change in World Politics*, p. 30.

18——David A. Lake, "Status, Authority, and the End of the American Century," in Paul, Larson, and Wohlforth, eds., *Status in World Politics*, pp. 249-256.

19——Georg Sorensen, *A Liberal World Order in Crisis: Choosing Between Imposition and Restraint* (Ithaca: Cornell University Press, 2011), esp. pp. 54-64.

20——Ibid., p. 56.

21——米中間の軍事的競争については次を参照。森聡「米国の対中戦略論議——軍事的競争アプローチの新展開」『国際安全保障』第50巻第2号(2022年9月)1-19頁。

22——Alexander Cooley and Daniel H. Nexon, *Exit from Hegemony: The Unraveling of the American Global Order* (Oxford: Oxford University Press, 2020).

23——Alexander Cooley and Daniel H. Nexon, "How Hegemony Ends: The Unraveling of American Power," *Foreign Affairs*, vol. 99, no. 4 (July/August 2020), p. 151.

24——Cooley and Nexon, *Exit from Hegemony*, pp. 121-124.

25——Ibid., pp. 120-132.

26——Ibid., pp. 110-136.

27——Ibid., pp. 106-109.

28——Cooley and Nexon, “How Hegemony Ends,” p. 149.

29——Ibid., pp. 90-91.

30——Ibid., p. 143.

31——Ibid., p. 141.

32——Ibid., pp. 146-147.

33——Ibid., p. 148.

34——Ibid., pp. 148-151.

35——Ibid., p.153.

36——Ibid., pp. 154-155.

37——Ibid., pp. 157-158.

38——話語権及び制度性話語権については、次を参照。「『大国』中国の対外行動の変化と国内政治——大国外交と不安全感」竹中治堅編著『「強国」中国と対峙するインド太平洋諸国』(千倉書房、2022年)43-46頁;江藤名保子「中国の民主主義と人権の『認知戦』に要警戒なワケ」(API地経学ブリーフィング、2022年3月28日)、<https://apinitiative.org/2022/03/28/35121/>〈アクセス2022年12月20日〉;山本吉宣『言説の対抗と米中関係——歴史、理論、現状』(PHP総研、2021年3月5日)、<https://thinktank.php.co.jp/policy/6728/>〈アクセス2022年12月20日〉

39——Daniel Kliman, Andrea Kendall-Taylor, Kristie Lee, Joshua Fitt, and Carisa Nietche, *Dangerous Synergies: Countering Chinese and Russian Digital Influence Operations* (Washington D.C.: Center for a New American Security, May 2020).

40——Ibid., pp. 7-9.

41——Ibid., p. 9.

42——Ibid., pp. 6-7.

43——The White House, *National Security Strategy of the United States of America*, December 2017, p. 25.

44——The White House, *National Security Strategy of the United States of America*, November 2022, p. 8.

45——「国家安全保障戦略について」内閣官房、2022年12月16日、9頁。

46——The Diplomatic Service of the European Union, “EU-China Relations,” April 2022, p. 1.

47——The White House, *National Security Strategy*, 2022, pp. 8-9.

48——Ibid., p. 8.

49——バイデン政権が2021年12月に主宰した民主主義サミットは、例えばアジアでは、シンガポールやベトナム、タイといった協力相手国を招待しなかった。

50——中山俊宏「アメリカをめぐる4つのナラティブと国際主義」SPFアメリカ現状モニター、2021年8月5日、<https://www.spf.org/jpus-insights/spf-america-monitor/spf-america-monitor-document-detail_100.html>〈アクセス2022年12月27日〉; George Packer, *Last*

Best Hope: America in Crisis and Renewal (London: Jonathan Cape, 2021), pp. 63-163.

あとがき

「アメリカ主導のリベラルな国際秩序が崩壊しつつあるといわれるが、そもそもリベラルな国際秩序というのは、どこに、どのように存在していたのか。秩序が崩壊しているといわれるが、それは一体何を意味するのか……」

たしか2017年にアメリカでトランプ政権が発足してしばらく経った頃、法政大学でかつて同時期に学生センターの副センター長を務めたグローバル教養学部の湯澤武氏と昼食をとりながら、そのようなことを議論した。これがきっかけとなって、法政大学のボアソナード記念現代法研究所で研究プロジェクトを立ち上げようという話になった。当時法学部の同僚だった福田円氏と田中佐代子氏から参加のご快諾を得て、「現代国際秩序における正統性の相克」というプロジェクト名で応募したところ、採択されて2018年度から3年にわたって研究プロジェクトを実施することになった。

初年度には、合宿形式で集中検討会をおこなった。ちょうど法政大学法学部国際政治学科で教員の世代交代が進んだこともあり、その後、宮下雄一郎氏、高橋和宏氏、溝口修平氏にも研究プロジェクトに加わっていただいた。また田中氏のご紹介で、平見健太氏をゲスト講師にお招きし研究会でご報告いただいた。こうして新型コロナウイルスが蔓延する前に何度か対面の研究会を開催し、研究会メンバーにそれぞれの専門分野の視点から国際秩序の変容についてご報告いただきつつ、最終成果物の構成について検討を重ねた。

本書の構想を練り始めた当初は、同一の事象を国際法学、歴史研究、国際関係論から分析するという構想もあった。しかし、学際的なアプローチをとる研究全般に通じることだと思うが、それを具体的な内容のレベルで検討し始めると、「言うは易し行うは難し」ということが否応なく明らかとなった。そこで、メンバー各々の強みをより発揮しやすい形で国際秩序の変容に迫ってみようということになり、ディシプリン別の3部構成に落ち着いた次第である。

ちょうどプロジェクトの2年目が終わる2020年2月下旬に、再び合宿形式の集中検討会を開催する手はずを整えて準備していたところ、コロナ禍が拡大し、合宿を取り止めざるを得なくなった。これが一番の心残りである。

さいわい、パンデミック前にプロジェクトメンバーによる初期の構想発表を一通り終えていたため、予定よりいくぶん長く時間をとることになったものの、無事メンバーの皆さんに担当チャプターの検討と執筆をお願いするフェーズに入ることができた。じつは、この段階で、国際法学の分野からグローバルヘルスの専門家にご寄稿いただけないだろうかということになり、再び田中氏を頼って佐俣紀仁氏をご紹介いただいた。唐突なお願いだったにもかかわらず、快く寄稿をお引き受けくださったことに改めて感謝申し上げたい。田中氏には感謝してもしきれない思いである。

前述の通り、本研究は法政大学現代法研究所の助成を受けて実施され、本書は現代法研究所叢書シリーズの一冊として刊行が実現した。研究所長の沼田雅之先生には、留意点をご指摘いただきながら、刊行形態等について柔軟にご対応いただいた。また、研究所事務室の衛藤知美氏は、刊行のプロセスを通じて親身に相談に乗ってくださり、メールの返信が遅い私に辛抱強く対応してくださった。心より御礼申し上げたい。そして本件出版をご了承いただいた現代法研究所運営委員会の諸先生方にも感謝を申し上げたい。

千倉書房の神谷竜介氏に本書の出版を快くお引き受けいただけなかったら、本書はこのタイミングで世に出なかったであろうし、これとは異なった形になっていただろう。師走になっても原稿がすべて揃わずハラハラさせてしまった上、年末年始の入稿作業で大変なご負担をおかけしてしまった。校正作業でのご支援とあわせて心より感謝申し上げたい。

また、原稿を集約する過程で出てきた編集面での問題の相談に乗っていただいた高橋氏と、序章でご協力いただいた田中氏と湯澤氏には、多忙な中で時間と労力を割いていただいた。格別の感謝を申し上げたい。そして入稿直前の全てのチャプター原稿の校閲を手伝ってくれた元ゼミ生の齊藤拓海君にも深く感謝したい。執筆要項の形式ルールの反映のみならず、バリエーションのある人名表記や書誌情報の極細部、URLリンクに至るまで、校閲で素晴らしい能力を発揮してくれたおかげで、精度の高い完成原稿を入稿することができた。

国際秩序はおそらく今後も揺らぎ続けるだろう。それは捉えがたきものであるが、国際社会の潮流であり本質である。その変容や動態を理解しようとする努力は世界中で絶え間なく続けられるべきであり、本書はそうした取り組みのひとつに過ぎないが、読者がこの問題を考える一助となれば、執筆者陣として幸いである。

令和5年3月
森　聡

主要事項索引

英数字

ア行

カ行

サ行

主要人名索引

編著者略歴

▶森 聡（もり・さとる）編者、序章2節および第9章執筆

慶應義塾大学法学部教授、博士（法学）
1972年生まれ。1995年京都大学法学部卒業。同大学院法学研究科修士課程及び米コロンビア大学ロースクールLL.M.課程修了。外務省勤務を経て、2007年に東京大学大学院法学政治学研究科博士課程修了。法政大学法学部准教授、同教授を経て2022年より現職。米ジョージワシントン大学とプリンストン大学で客員研究員。単著に『ヴェトナム戦争と同盟外交』（東京大学出版会）。共著に『ウクライナ戦争と世界のゆくえ』（東京大学出版会）、『アメリカ政治の地殻変動』（東京大学出版会）、『アフターコロナ時代の米中関係と世界秩序』（東京大学出版会）、*Ironclad: Forging a New Future for America's Alliances*（Center for Strategic and International Studies）、『アメリカ太平洋軍の研究』（千倉書房）などがある。

▶田中佐代子（たなか・さよこ）序章1節および第1章執筆

法政大学法学部教授
1985年生まれ。2008年東京大学法学部卒業。2010年東京大学大学院法学政治学研究科総合法政専攻修士課程修了。2013年同博士課程単位取得退学。法政大学法学部准教授を経て2022年より現職。主な論文に、「非国家行為体に対する越境軍事行動の法的正当化をめぐる一考察──『領域国の意思・能力の欠如』理論（'unwilling or unable' doctrine）の位置づけ」『法学志林』第116巻2・3合併号（2019年）、「自衛権行使における均衡性原則の射程」『国家学会雑誌』第123巻9・10号（2010年）などがある。

▶湯澤武（ゆざわ・たけし）序章3節および第7章執筆

法政大学グローバル教養学部教授、博士（国際関係論）
ロンドン・スクール・オブ・エコノミクス（LSE）大学院

にて国際関係学博士号取得（Ph.D.）。日本国際問題研究所研究員などを経て2010年より現職。専門は、国際関係理論、東アジアの国際関係。主な著書に*Japan's Security Policy and the ASEAN Regional Forum: The Search for Multilateral Security in the Asia-Pacific*（Routledge）（単著）、*International Security in the Asia Pacific :Transcending ASEAN towards Transitional Polycentrism*（Palgrave Macmilan）（共著）などがある。

▶平見健太（ひらみ・けんた）第2章執筆

長崎県立大学国際社会学部准教授、博士（法学）
1984年生まれ。2017年早稲田大学大学院法学研究科博士課程単位取得退学。外務事務官（外務省経済局WTO紛争処理室［現：国際法局経済紛争処理課］勤務）、東京大学社会科学研究所・日本学術振興会特別研究員PD、早稲田大学社会科学総合学術院講師などを経て現職。著書に『国際貿易紛争処理の法的課題』（共著、信山社）、『国際法秩序とグローバル経済』（共著、信山社）などがある。

▶佐俣紀仁（さまた・のりひと）第3章執筆

武蔵野大学法学部准教授、博士（法学）
1983年生まれ。2006年東北大学法学部卒業。2008年東北大学大学院法学研究科修士課程修了。2011年同博士課程修了。東北大学大学院法学研究科助教、東北医科薬科大学法学教室専任講師を経て2020年より現職。主要論文および著書に、「世界保健機関（WHO）の権限とアカウンタビリティ――国際保健規則IHR緊急委員会の透明性改革の課題」『国際法外交雑誌』120巻1・2号（2021年）、『国家管轄権外区域を規律する諸原則』（共著、2021年、有信堂高文社）、「『人類の共同の財産』概念の現在――BBNJ新協定交渉の準備委員会に至るまでのその意義の変容」『国際法外交雑誌117巻1号（2018年）などがある。

▶福田円（ふくだ・まどか）第4章執筆

法政大学法学部教授、博士（政策・メディア）
1980年生まれ。2003年国際基督教大学教養学部卒業。2005年慶應義塾大学大学院政策・メディア研究科修士課程修了。2008年同後期博士課程単位取得退学。この間、台湾政治大学国際事務学院東亜研究所博士課程へ留学。国士舘大学21世紀アジア学部専任講師、同准教授、法政大学法学部准教授などを経て2017年より現職。著書に『中国外交と台湾』（慶應義塾大学出版会）、『入門講義 戦後国際政治史』（共編著、慶應義塾大学出版会）などがある。

▶高橋和宏（たかはし・かずひろ）第5章執筆

法政大学法学部教授、博士（国際政治経済学）
1975年生まれ。1999年筑波大学第三学群国際関係学類卒業。2001年早稲田大学大学院アジア太平洋研究科修士課程修了。2004年筑波大学大学院国際政治経済学研究科博士課程修了。外務事務官（外交史料館勤務）、防衛大学校人文社会科学群講師、同准教授を経て、2019年より現職。著書に『ドル防衛と日米同盟――高度成長期日本の経済外交 1959～1969年』（千倉書房）、『冷戦変容期の日本外交』（共著、ミネルヴァ書房）などがある。

▶宮下雄一郎（みやした・ゆういちろう）第6章執筆

法政大学法学部教授、博士（法学）・博士（史学）
1977年生まれ。2000年慶應義塾大学法学部政治学科卒業。2002年同大学院法学研究科政治学専攻修士課程修了。2004年パリ政治学院大学院20世紀史研究所専門研究課程（Diplôme d'études approfondies, DEA）修了。2006年慶應義塾大学大学院法学研究科政治学専攻後期博士課程単位取得退学。2008年博士（法学、慶應義塾大学）を取得。2012年パリ政治学院大学院歴史学研究所修了、博士（史

学）を取得。日本学術振興会特別研究員（PD）、北海道大学大学院法学研究科附属高等法政教育研究センター協力研究員、松山大学法学部法学科講師、同准教授などを経て2018年より現職。著書に『フランス再興と国際秩序の構想——第二次世界大戦期の政治と外交』（勁草書房）などがある。

▶溝口修平（みぞぐち・しゅうへい）第8章執筆

法政大学法学部教授、博士（学術）
1978年生まれ。2001年東京大学教養学部卒業。2003年同大学院総合文化研究科修士課程修了。2012年同博士課程修了。キヤノングローバル戦略研究所研究員、東京大学大学院総合文化研究科助教、中京大学国際教養学部准教授などを経て2019年より現職。著書に『ロシア連邦憲法体制の成立——重層的転換と制度選択の意図せざる帰結』（北海道大学出版会）、『入門講義 戦後国際政治史』（共著、慶應義塾大学出版会）などがある。

《法政大学現代法研究所叢書》

1 法律扶助・訴訟費用保険
2 自治体行政と公務労働
3 冷戦史資料選 東アジアを中心として
4 高齢化社会における社会法の課題
5 教育法学の現代的課題
6 世界史のなかの日本占領
7 弁護士倫理の比較法的研究
8 国際労働基準とわが国の社会法
9 西ドイツ債務法改正鑑定意見の研究
10 外国人労働者と人権
11 昭和精神史の一断面
12 子どもの権利条約の研究〔補訂版〕
13 日本の雇用慣行の変化と法
14 各国警察制度の再編
15 ドイツ債務法改正委員会草案の研究
16 労働条件をめぐる現代的課題
17 子どもの人権と裁判
18 少子化と社会法の課題
19 アジア・太平洋における地方の国際化
20 明治大正 町の法曹
21 契約法における現代化の課題
22 組合機能の多様化と可能性
23 法における歴史と解釈
24 会社法の現代的課題
25 公益事業の規制改革と競争政策
26 法と遺伝学(品切れ)
27 ポスト公共事業社会の形成 市民事業への道

28 社会国家・中間団体・市民権
29 グローバル・コンパクトの新展開
30 グローバリゼーションとグローバルガバナンス
31 市民的自由とメディアの現在
32 会社法の実践的課題
33 Being Responsible in East Asia
34 市民社会と立憲主義
35 20世紀の思想経験
36 東アジアの公務員制度
37 民意の形成と反映
38 社会と主権
39 日ロ関係 歴史と現代
40 境界線の法と政治
41 金融商品取引法の新潮流
42 現代総有論
43 自治体議会改革の固有性と普遍性
44 (刊行予定)
45 行政課題の受容と権利救済
46 一般社団(財団) 法人法 逐条解説(上)
47 クラウドワークの進展と社会法の近未来
48 労働法における最高裁判例の再検討
49 公的規制の法と政策

上記の叢書既刊については法政大学現代法研究所の関連ウェブサイト(https://www.hosei.ac.jp/gendai-hou/public/public/)をご参照ください。